1 漢字の読み 1

出る順 ランク A

合格 13／18

得点

◆次の——線の読みをひらがなで書きなさい。

1 人生の師として**敬慕**している。

2 接戦で**緊迫**した場面が続く。

3 荒れ地を**開墾**して果樹園にする。

4 公民館は市の公共の**施設**だ。

5 当事者間で**暫定**的な取り決めをする。

6 部下の心を**掌握**できる人だ。

7 会費を**滞納**して資格を失った。

8 ミスが続いて選手は**動揺**した。

9 強力な**粘着**テープで固定する。

10 不要になった書類を**破棄**した。

11 人気商品が**廉価**で売られている。

12 **廊下**で騒いではいけません。

13 物価の値上がりが**憂慮**される。

14 人材を**埋**もれさせるのは惜しい。

15 雲のすき間から薄日が**漏**れている。

16 両者の考えに**隔**たりがある。

17 部屋の空気を入れ**換**える。

18 船は**既**に港を離れていた。

2 漢字の読み 2

出る順 ランク A

合格 13／18

得点

◆次の——線の読みをひらがなで書きなさい。

□ 1 図書館の閲覧室にいる。
□ 2 計画の概要が発表された。
□ 3 湾内は潮の流れが緩慢だ。
□ 4 全会一致で決議案が採択された。
□ 5 入賞が飛躍への契機となった。
□ 6 静かな湖畔の宿に泊まる。
□ 7 納品が遅れて責任者が陳謝した。
□ 8 テニス部への入部を勧誘した。
□ 9 陪審員制について勉強する。
□ 10 後継者を巡って内紛が起きた。
□ 11 かつては捕鯨でにぎわった漁港だ。
□ 12 被災して授業料の免除を受けた。
□ 13 二社が提携して新製品を開発した。
□ 14 はやる気持ちを抑えて対応した。
□ 15 生徒に慕われている先生だ。
□ 16 夕立の雨足もようやく衰えた。
□ 17 長年実務に携わり経理にも明るい。
□ 18 何事もなく穏やかな一日だった。

3

漢字の読み 3

出る順 ランクA

合格 13/18

得点

◆次の――線の読みをひらがなで書きなさい。

□ 1 話はいよいよ佳境に入ってきた。

□ 2 膨大な資料を調べる。

□ 3 おみくじを引いて吉凶を占う。

□ 4 湿潤な気候の熱帯雨林の地だ。

□ 5 海が荒れて小型漁船が転覆した。

□ 6 公園に石碑を建てる。

□ 7 涙が分泌される。

□ 8 優勝して昨年の雪辱を果たした。

□ 9 青春の哀歓を描いた名作だ。

□ 10 市役所の嘱託として働いている。

□ 11 マラソンでコーチが伴走する。

□ 12 我が社は家族経営の零細企業だ。

□ 13 漢詩を声高らかに朗詠した。

□ 14 仕事は最後までやり遂げる。

□ 15 デパートの催し会場に行った。

□ 16 友の優しい一言に慰められた。

□ 17 そよ風に小枝が揺らいでいる。

□ 18 頼まれて仕事を請け負った。

4 漢字の読み 4

出る順 ランクA

合格 13/18

得点

◆次の——線の読みをひらがなで書きなさい。

□ 1 華麗な舞いに観客は魅了された。
□ 2 温厚で篤実な人柄が慕われた。
□ 3 前例に束縛されることはない。
□ 4 名演奏に聴衆は万雷の拍手を送った。
□ 5 夜間も警備員が常駐している。
□ 6 自然災害の脅威におびえる。
□ 7 写真の同好会で撮影旅行に出かけた。
□ 8 事を荒立てずに穏便に済ませた。
□ 9 現実から遊離した幻想に過ぎない。
□ 10 受賞記念の祝宴に招かれた。
□ 11 奉仕作業に参加する。
□ 12 港に帆船を見に行く。
□ 13 賊は巧妙な手口で侵入した。
□ 14 鉄はアルミニウムより硬い。
□ 15 厳しい寒気で手足が凍えそうだ。
□ 16 資源が乏しいので輸入に頼る。
□ 17 参加者を募ってキャンプに行く。
□ 18 心の赴くままに筆を走らせる。

5 漢字の読み 5

出る順 ランクA

合格 13／18

得点

◆次の――線の読みをひらがなで書きなさい。

□ 1 久し振りの帰郷で感慨にふける。
□ 2 新しい企画を考案中です。
□ 3 邪推もはなはだしいと声を上げた。
□ 4 複雑怪奇な事件が起きた。
□ 5 緊急に必要な措置が取られた。
□ 6 不利な条件を克服して成功した。
□ 7 回りくどい冗漫な話に退屈した。
□ 8 排気ガスの濃度を調べる。
□ 9 拝礼をして仏の慈悲にすがる。
□ 10 世界中に衝撃を与えた事件だ。
□ 11 大豆を発酵させてみそを造る。
□ 12 業者に外壁の塗装を頼んだ。
□ 13 定年退職して顧問に就任した。
□ 14 接戦に敗れて悔しい思いをした。
□ 15 袋の中のお菓子は湿っていた。
□ 16 緩やかな傾斜の坂道を登る。
□ 17 彼女は歌姫といわれている。
□ 18 朝日の昇る勢いで勝ち進んだ。

6 漢字の読み 6

出る順 ランクA

合格 13／18

得点

◆次の――線の読みをひらがなで書きなさい。

□ 1 天然痘は絶滅したといわれている。
□ 2 話の中身が抽象的なので理解しがたい。
□ 3 山海の珍味を満喫した。
□ 4 こわれたいすを修繕に出す。
□ 5 趣味の模型作りに没頭していた。
□ 6 食後の歯みがきを励行している。
□ 7 地震で地盤が隆起した。
□ 8 いちいち難癖をつけてくる人だ。
□ 9 新聞社に匿名の投書があった。
□ 10 両国の友好条約が締結された。
□ 11 時間延長で超過料金を払った。
□ 12 深い悔恨の情にさいなまれる。
□ 13 激しい野次で演説が妨害された。
□ 14 子豚を飼育する。
□ 15 闘志の塊のような選手だ。
□ 16 最後まで粘り強く戦い抜いた。
□ 17 小船が波間に漂っている。
□ 18 混雑に紛れて見失った。

7 漢字の書き 1

出る順 ランクA

合格 11／15

得点

◆次の——線のカタカナを漢字に直しなさい。

□ 1 調査は**ゲンミツ**に実施された。

□ 2 古いアルバムを見て**カンショウ**に浸る。

□ 3 **ウチュウ**開発が進む。

□ 4 会社の**カブヌシ**総会が開かれた。

□ 5 急病人は病院に**シュウヨウ**された。

□ 6 平和のありがたさを**ツウセツ**に感じる。

□ 7 すばらしい映画だと**ゼッサン**された。

□ 8 趣味の油絵を**ガリュウ**でかいている。

□ 9 議事は**シショウ**なく進行した。

□ 10 **カクメイ**を起こす。

□ 11 **キガイ**を加える。

□ 12 あじの**ヒモノ**を食べる。

□ 13 水をポンプで**キュウイン**する。

□ 14 **ツクエ**の上をきれいにする。

□ 15 大昔からの年輪を刻む**ミキ**だ。

8 漢字の書き 2

出る順 ランク A

合格 11／15

得点

◆次の――線のカタカナを漢字に直しなさい。

□ 1 原文とヤクブンとを対照させて読む。

□ 2 念願の旅行会社にシュウショクした。

□ 3 原料をキョウキュウする。

□ 4 急病でケッキンする。

□ 5 不用意な言動をヒハンされた。

□ 6 各部屋にレイダン房がある。

□ 7 商品の送料は当方でフタンします。

□ 8 夜間のケイビをする。

□ 9 水は熱せられるとジョウハツする。

□ 10 ギャッキョウを乗り越えて進む。

□ 11 戦争がゲキカする。

□ 12 ボケツをほる。

□ 13 あの行動はウタガわしい。

□ 14 レジで支払いをスませて店を出た。

□ 15 親の代に開業して今日にイタる。

9 漢字の書き 3

出る順 ランクA

合格 11/15

得点

◆次の――線のカタカナを漢字に直しなさい。

□ 1 論文の大意をカンケツにまとめる。

□ 2 カクギで決定する。

□ 3 両社の技術にはカクダンの差がある。

□ 4 強引な手法にヒナンが集中した。

□ 5 面倒な仕事なのでケイエンされる。

□ 6 エンガン漁業の盛んな港だ。

□ 7 ゲキテキな再会を果たす。

□ 8 十分な説明にナットクした。

□ 9 カケイ図を作る。

□ 10 遠いイコクへの旅路についた。

□ 11 お祭りでリンジのバスが出ている。

□ 12 社長がジッケンを握っている。

□ 13 森の奥に静かなイズミがある。

□ 14 キヌイトをつむぐ。

□ 15 記録映画観賞のツドいがある。

10 漢字の書き 4

出る順 ランクA

合格 11/15

得点

◆次の――線のカタカナを漢字に直しなさい。

□ 1 住んでいる地域のカンシュウに従う。

□ 2 川のキシベを愛犬と散歩する。

□ 3 久し振りにキョウリの土を踏んだ。

□ 4 通行止めで道路のホシュウ工事をする。

□ 5 あれこれ試したがバンサク尽きた。

□ 6 キチョウな体験をした。

□ 7 ケンポウに基づいて行動する。

□ 8 元気な子馬のタンジョウを喜ぶ。

□ 9 他に例を見ないドクソウ的な発想だ。

□ 10 ゲンリュウを探る。

□ 11 先生がテンコをとる。

□ 12 ジコ主張をする。

□ 13 新しい先生はキビしい人だ。

□ 14 物的証拠によるウラヅけがある。

□ 15 先生の言葉がムネにしみる。

11 漢字の書き 5

出る順 ランクA

合格 11/15

得点

◆次の――線のカタカナを漢字に直しなさい。

□ 1 カントウ記事を読む。

□ 2 事故で鉄道のダイヤがコンランした。

□ 3 入院中の母のカンビョウをしている。

□ 4 わずかなゴサが出る。

□ 5 コウゴウ陛下がお見えになる。

□ 6 業績がカコウした要因を探る。

□ 7 忘れ物を駅のイシツ物係に届ける。

□ 8 白熱したトウロンが長時間続いた。

□ 9 実力を十分ハッキして戦った。

□ 10 電車のジコク表をもらう。

□ 11 研究のリョウイキを広げる予定だ。

□ 12 カイコを育てる。

□ 13 準備万端整えて決戦にノゾむ。

□ 14 コマっている人を助ける。

□ 15 結果はまだテサグりの状態だ。

12 漢字の書き 6

出る順 ランク A

合格 11／15

得点

◆次の――線のカタカナを漢字に直しなさい。

□ 1 両親にコウコウする。

□ 2 スナバで子どもを遊ばせる。

□ 3 ザコウを測定する。

□ 4 この辺りはコクソウ地帯だ。

□ 5 文化財を博物館にシュウゾウする。

□ 6 雨天の場合は日程をジュンエンする。

□ 7 調理師養成のセンモン学校に入った。

□ 8 借金をカンサイする。

□ 9 議案を投票によってサイケツする。

□ 10 友人と先生のお宅をホウモンした。

□ 11 山のコウヨウを見に行く。

□ 12 仏前に季節の花をソナえる。

□ 13 文句を言われるスジアいではない。

□ 14 売上げサッスウを調べる。

□ 15 研究成果を論文集としてアラワした。

13 同音・同訓異字 1

出る順 ランクA

合格 11／15

得点

◆次の――線のカタカナにあてはまる漢字をそれぞれア～オから選び、記号を□に記入しなさい。

1 過ぎ去った時代を回コする。
2 事実をコ張して伝える。
3 絶海のコ島に漂着した。
（ア 誇　イ 孤　ウ 弧　エ 顧　オ 雇）

4 言葉を尽くして退部をイ留した。
5 なき父のイ品を整理している。
6 現状イ持で良しとした。
（ア 維　イ 遺　ウ 威　エ 移　オ 慰）

7 受賞記念の祝エンに招かれた。
8 盛んな応エン合戦が始まった。
9 野球の試合はエン天の下で始まった。
（ア 縁　イ 援　ウ 宴　エ 炎　オ 沿）

10 絵のコンクールに応ボした。
11 不注意が元でボ穴を掘った。
12 会計の帳ボを整理している。
（ア 募　イ 慕　ウ 暮　エ 墓　オ 簿）

13 建築の仕事をウけ負った。
14 宝物がウまっているという。
15 満面に笑みをウかべている。
（ア 飢　イ 請　ウ 浮　エ 埋　オ 植）

14 同音・同訓異字 2

出る順 ランクA

合格 11/15

得点

◆次の――線のカタカナにあてはまる漢字をそれぞれア～オから選び、記号を□に記入しなさい。

1 演奏会場にピアノをハン入する。
2 父兄同ハンで出席しなさい。
3 山間の湖ハンの宿に泊まる。
（ア 搬 イ 般 ウ 畔 エ 伴 オ 帆）

4 夢に不思議なカイ物が現れた。
5 『後カイ先に立たず』という。
6 政権は一夜にして崩カイした。
（ア 壊 イ 怪 ウ 悔 エ 塊 オ 懐）

7 今日は空気がカン燥している。
8 テニスサークルにカン誘された。
9 国民の注意をカン起する。
（ア 勘 イ 喚 ウ 勧 エ 乾 オ 敢）

10 大地震のキョウ威におびえる。
11 紅葉の美しいキョウ谷を行く旅だ。
12 天候不順でキョウ作の年となった。
（ア 凶 イ 脅 ウ 峡 エ 境 オ 叫）

13 物音に驚いて犬がカけ出した。
14 円を売ってドルにカえる。
15 床の間にカけ軸を下げる。
（ア 駆 イ 欠 ウ 架 エ 掛 オ 換）

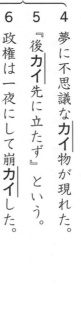

同音・同訓異字 3

出る順 ランクA

合格 11/15

得点

◆次の――線のカタカナにあてはまる漢字をそれぞれア～オから選び、記号を□に記入しなさい。

1 新しい研究分野を開タクする。
2 家族そろって食タクを囲む。
3 専門家に業務を委タクする。
（ア 託　イ 卓　ウ 拓　エ 択　オ 沢）□

4 優れた技リョウが評価された。
5 大リョウ旗を掲げて帰港した。
6 第一試合は午前中に終リョウした。
（ア 糧　イ 量　ウ 陵　エ 了　オ 漁）□

7 商取引のケイ約書を交わした。
8 お礼状を拝ケイで書き出した。
9 大会場に国旗をケイ揚する。
（ア 憩　イ 啓　ウ 掲　エ 契　オ 刑）□

10 内戦が続き国力はスイ退した。
11 任務のスイ行に努める。
12 ゴッホの絵画に心スイしている。
（ア 垂　イ 粋　ウ 衰　エ 酔　オ 遂）□

13 投資をして財産をフやした。
14 近所に子供がフえ出した。
15 寒風が窓辺にフき付ける。
（ア 殖　イ 増　ウ 踏　エ 吹　オ 伏）□

16 漢字識別 1

出る順 ランクA

合格 11／15

得点

◆次の1～5の三つの□に共通する漢字を入れて熟語を作りなさい。漢字は下のア～コから選び、記号を□に記入しなさい。

(1)

1 追□・□情・思□

2 □愛・□善・□悲

3 交□・転□・□気

4 栄□・□麗・豪□

5 □問・□労・□謝料

ア	イ	ウ	エ	オ	カ	キ	ク	ケ	コ
憶	慰	慈	敬	誉	換	訪	慕	華	遊

(2)

1 □算・気□・□略

2 熟□・鍛□・□成

3 □解・終□・□承

4 興□・□起・□盛

5 □圧・□止・□揚

ア	イ	ウ	エ	オ	カ	キ	ク	ケ	コ
難	了	練	精	概	慮	奮	抑	隆	鎮

(3)

1 □閣・高□・鐘□

2 奇□・□談・□物

3 □才・突□・欠□

4 □進・催□・□成

5 大□・不□・□凶

ア	イ	ウ	エ	オ	カ	キ	ク	ケ	コ
促	縁	内	秀	安	怪	楼	如	推	吉

17 漢字識別 2

出る順 ランクA

合格 11/15

得点

◆次の1～5の三つの□に共通する漢字を入れて熟語を作りなさい。漢字は下のア～コから選び、記号を□に記入しなさい。

(1)

1 □車・□降・円□
2 □帯・提□・必□
3 屈□・□縮・追□
4 □問・□声・□起
5 放□・□権・破□

1	2	3	4	5

ア 連　イ 棄　ウ 駐　エ 伸　オ 折　カ 愚　キ 滑　ク 携　ケ 流　コ 喚

(2)

1 □願・□惜・悲□
2 □鎖・開□・□建
3 満□・□楽・恐□
4 担□・書□・□空
5 □限・□楽・□彩色

1	2	3	4	5

ア 封　イ 念　ウ 閉　エ 権　オ 極　カ 哀　キ 任　ク 悦　ケ 喫　コ 架

(3)

1 湿□・□色・□滑
2 求□・□事・□罰
3 □線・屈□・潜□
4 老□・盛□・□弱
5 □熱・気□・□天下

1	2	3	4	5

ア 婚　イ 伏　ウ 潤　エ 気　オ 複　カ 炎　キ 朽　ク 刑　ケ 断　コ 衰

18 熟語の構成 1

出る順 ランクA

合格 14／20

得点

熟語の構成のしかたには、次のようなものがある。

ア 同じような意味の漢字を重ねたもの（岩石）
イ 反対または対応の意味を表す字を重ねたもの（高低）
ウ 上の字が下の字を修飾しているもの（洋画）
エ 下の字が上の字の目的語・補語になっているもの（着席）
オ 上の字が下の字の意味を打ち消しているもの（非常）

◆次の熟語は右のア～オのどれにあたるか記号で答えなさい。

1 安穏
2 芳香
3 脱藩
4 稚魚
5 愛憎
6 解雇
7 未熟
8 滅亡
9 昇降
10 未了
11 換金
12 吉凶
13 厳封
14 犠牲
15 徐行
16 邪悪
17 精粗
18 聴講
19 墜落
20 慰霊

19 熟語の構成 2

出る順 ランク A

合格 14/20

得点

熟語の構成のしかたには、次のようなものがある。

ア 同じような意味の漢字を重ねたもの（岩石）
イ 反対または対応の意味を表す字を重ねたもの（高低）
ウ 上の字が下の字を修飾しているもの（洋画）
エ 下の字が上の字の目的語・補語になっているもの（着席）
オ 上の字が下の字の意味を打ち消しているもの（非常）

◆次の熟語は右のア～オのどれにあたるか記号で答えなさい。

1 正邪
2 未遂
3 欠乏
4 基礎
5 後悔
6 狩猟
7 棄権
8 不審
9 出没
10 賢愚

11 喜悦
12 乾湿
13 怪盗
14 不穏
15 丘陵
16 暫定
17 未詳
18 脱獄
19 粗品
20 抑揚

20 部首 1

出る順 ランク A

合格 10／14

得点

◆次の漢字の部首をア～エから選び、記号を記入しなさい。

1 宴 〔ア 宀　イ 日　ウ 冖　エ 女〕

2 街 〔ア 彳　イ 亻　ウ 行　エ 二〕

3 概 〔ア 木　イ 旡　ウ 艮　エ 工〕

4 郭 〔ア 亠　イ 口　ウ 子　エ 阝〕

5 殴 〔ア 殳　イ 几　ウ 又　エ 匚〕

6 冠 〔ア 冖　イ 二　ウ 儿　エ 寸〕

7 敢 〔ア 二　イ 丿　ウ 耳　エ 攵〕

8 虐 〔ア 卜　イ 匕　ウ 虍　エ 匚〕

9 凝 〔ア 冫　イ 匕　ウ 矢　エ 疋〕

10 顧 〔ア 戸　イ 隹　ウ 頁　エ 貝〕

11 克 〔ア 一　イ 口　ウ 儿　エ 十〕

12 暫 〔ア 車　イ 斤　ウ 日　エ 曰〕

13 疾 〔ア 亠　イ 广　ウ 疒　エ 矢〕

14 導 〔ア 西　イ 酉　ウ 寸　エ 辶〕

21 部首 2

出る順 ランクA

合格 10／14

得点

◆次の漢字の部首をア〜エから選び、記号を記入しなさい。

1 匠 〔ア 一　イ 匚　ウ ノ　エ 斤〕

2 昇 〔ア 日　イ ノ　ウ 一　エ 廾〕

3 焦 〔ア 亻　イ ノ　ウ 隹　エ 灬〕

4 審 〔ア 冖　イ 宀　ウ 釆　エ 田〕

5 髄 〔ア 辶　イ 骨　ウ 月　エ 冂〕

6 葬 〔ア 歹　イ 匕　ウ 艹　エ 廾〕

7 衰 〔ア 亠　イ 一　ウ 口　エ 衣〕

8 辛 〔ア 辛　イ 亠　ウ 立　エ 十〕

9 遭 〔ア 艹　イ 曰　ウ 日　エ 辶〕

10 奪 〔ア 大　イ 亻　ウ 隹　エ 寸〕

11 畜 〔ア 亠　イ 幺　ウ 玄　エ 田〕

12 窒 〔ア 宀　イ 穴　ウ 厶　エ 至〕

13 超 〔ア 刀　イ 口　ウ 土　エ 走〕

14 痘 〔ア 疒　イ 豆　ウ 口　エ 广〕

22 対義語・類義語 1

出る順 ランクA

合格 14／20

得点

◆次の□内に入る適切な語を、後の□の中から必ず一度選んで漢字に直し、対義語・類義語を作りなさい。

対義語

1 概略—詳□
2 怠慢—□勉
3 潤沢—□乏
4 緩慢—敏□
5 就寝—□床
6 穏健—過□
7 粗雑—□密
8 違反—遵□
9 劣悪—□良
10 末尾—冒□

類義語

11 期待—嘱□
12 介抱—看□
13 冷淡—薄□
14 了解—□知
15 節減—倹□
16 盛衰—□亡
17 周到—入□
18 不穏—□悪
19 露見—□覚
20 未熟—□稚

き・きん・げき・けつ・けん・ご・こう・さい・しゅ・しょう・じょう・せい・そく・とう・ねん・はっ・ぼう・やく・ゆう・よう

23 対義語・類義語 2

出る順 ランクA

合格 14/20

得点

◆次の□内に入る適切な語を、後の□の中から必ず一度選んで漢字に直し、対義語・類義語を作りなさい。

対義語

1 革新 ― □守
2 愛護 ― 虐□
3 遠隔 ― 近□
4 抽象 ― □体
5 沈静 ― 興□
6 丁寧 ― 粗□
7 膨張 ― □縮
8 歓迎 ― 歓□
9 促進 ― 抑□
10 支配 ― □属

類義語

11 互角 ― 対□
12 遺品 ― □見
13 演習 ― 訓□
14 介入 ― □与
15 安値 ― 廉□
16 漂泊 ― □浪
17 加勢 ― □援
18 辛抱 ― □慢
19 鼓舞 ― □励
20 普通 ― 一□

おう・か・が・かた・かん・ぐ・げき・ざつ・しゅう・じゅう・せい・せつ・そう・たい・とう・ぱん・ふん・ほ・ほう・れん

24 漢字と送りがな 1

出る順 ランクA

合格 11／15

得点

◆次の――線のカタカナを漢字一字と送りがな（ひらがな）に直しなさい。

〈例〉門をアケル。　開ける

□ 1 我が子のスコヤカナ成長を願う。
□ 2 おみくじを木の枝にユワエル。
□ 3 吹く風にサカラッて前進する。
□ 4 負傷者にスミヤカナ処置を施す。
□ 5 食料品をアキナッている。
□ 6 夜間は表の門をトザス。
□ 7 ひそかに私腹をコヤス。
□ 8 砂場の砂をタイラニならす。
□ 9 子供らのホガラカナ笑い声がする。
□ 10 心の奥に熱い思いをヒメル。
□ 11 赤ん坊のヤスラカナ寝顔だ。
□ 12 陶芸の町としてサカエた。
□ 13 砂糖にアリがムラガル。
□ 14 白雪の峰をツラネル山脈だ。
□ 15 師の恩にムクイルときが来た。

25 漢字と送りがな 2

出る順 ランクA

合格 11／15

得点

◆次の――線のカタカナを漢字一字と送りがな（ひらがな）に直しなさい。

〈例〉 門をアケル。 開ける

□ 1 だれでも解けるヤサシイ問題だ。

□ 2 儀式はオゴソカニ挙行された。

□ 3 家族の楽しいカタライのひと時だった。

□ 4 期日までには仕事をスマス。

□ 5 選手にサカンナ声援を送る。

□ 6 偶然がよい結果をミチビイた。

□ 7 悪天候で開催がアヤブマれる。

□ 8 新人の台頭がイチジルシイ。

□ 9 卒業生が一堂にツドウ。

□ 10 話の内容がマッタク理解できない。

□ 11 畑をタガヤシて野菜の種をまく。

□ 12 駅前に案内所をモウケル。

□ 13 部屋中にチラカッたごみを片付ける。

□ 14 研究をまとめた書物をアラワシた。

□ 15 小さな洋品店をイトナンでいる。

26 四字熟語 1

出る順 ランク A

合格 12/16

得点

◆文中の四字熟語の――線のカタカナを漢字に直しなさい。□に一字記入しなさい。

□ 1 事業はジュンプウ満帆の勢いだ。

□ 2 千客バンライでにぎわっている。

□ 3 景気はアンウン低迷で先が読めない。

□ 4 ついにキシ回生のチャンスがきた。

□ 5 お互いに以心デンシンの間柄だ。

□ 6 前途ユウボウな新人が現れた。

□ 7 クウゼン絶後の大災害が起きた。

□ 8 優柔フダンで好機を逃した。

□ 9 連敗続きでシツボウ落胆した。

□ 10 デンコウ石火の早業に驚いた。

□ 11 単なるビジ麗句だけの文章だ。

□ 12 晩年は老成エンジュクの域に達した。

□ 13 意味シンチョウな笑みを浮かべている。

□ 14 ソッセン垂範して部下を導く。

□ 15 だれもがイク同音に反対した。

□ 16 迷いのないメイキョウ止水の境地だ。

27 四字熟語 2

出る順 ランクA

合格 12/16

得点

◆文中の四字熟語の——線のカタカナを漢字に直しなさい。□に二字記入しなさい。

□ 1 難問をイットウ両断に解決した。

□ 2 裏切られてからギシン暗鬼になった。

□ 3 キキ一髪のところで難を避けた。

□ 4 約束を破るとは言語ドウダンだ。

□ 5 情報をシュシャ選択する力が必要だ。

□ 6 話が針小ボウダイで信用できない。

□ 7 一人一人の考え方はセンサ万別だ。

□ 8 随所にソウイ工夫の跡が見える力作だ。

□ 9 用件をタントウ直入に切り出した。

□ 10 どれも同工イキョクで特徴に欠ける。

□ 11 医療技術は日進ゲッポだ。

□ 12 フロウ長寿の秘薬を求めて旅立った。

□ 13 イッキ一憂しながら試合の動きを見る。

□ 14 今こそキキュウ存亡のときである。

□ 15 巧言レイショクに惑わされるな。

□ 16 信念はシュウシ一貫して不変である。

28 四字熟語 3

出る順 ランク A

合格 12／16

得点

◆文中の四字熟語の――線のカタカナを漢字に直しなさい。□に二字記入しなさい。

□ 1 賢くてメイロウ快活な青年だ。
□ 2 引退して晴耕ウドクの日々を送る。
□ 3 夕焼けの色模様が千変バンカする。
□ 4 大器バンセイを期して努力を積む。
□ 5 思わぬ吉報にハガン一笑した。
□ 6 若者はリッシン出世を夢見ていた。
□ 7 犯行の一部シジュウが語られた。
□ 8 引退してカチョウ風月を友とする。
□ 9 事件はキュウテン直下に解決した。
□ 10 幾度もシコウ錯誤を繰り返した。
□ 11 品行方正で清廉ケッパクな人だ。
□ 12 会長のドクダン専行を許さない。
□ 13 忠告をしてもバジ東風と聞き流す。
□ 14 野犬に追われ無我ムチュウで逃げた。
□ 15 受賞者のメンモク躍如たる新作だ。
□ 16 『因果オウホウ世の習い』という。

29 誤字訂正 1

出る順 ランク A

合格 7/10

得点

◆次の各文にまちがって使われている同じ読みの漢字が一字あります。上に誤字を、下に正しい漢字を記しなさい。

		誤	正
1	コストの高い国内を避けて生産拠点を海外に異転する会社もある。		
2	旅先では万一の場合に備えて貴調品をはだ身離さず携帯している。		
3	友人は穏やかな性格だが、強い正義感の持ち主で周囲からの信頼も熱い。		
4	古代の遺跡から発掘された黄金の仮面が博物館に展示されている。		
5	学校と家庭が緊密に連絡を取り合い供力して子供達の育成を図る。		
6	地方交付税の大幅削減で県は厳しい財制運営を余儀なくされている。		
7	濫獲を防ぐために狩猟を認める鳥獣を決めて期間や捕獲数を制元する。		
8	両チームとも終盤まで一歩も引かず試合は援長戦に突入した。		
9	海外留学の体験をきっかけに語学への興味が深まり翻約家を志している。		
10	非常の災害に備えて避難生活に欠かせない最訂限の必需物資を保管する。		

30 誤字訂正 2

出る順 ランクA

合格 7/10

得点

◆次の各文にまちがって使われている同じ読みの漢字が一字あります。上に誤字を、下に正しい漢字を記しなさい。

		誤	正
1	国際芸術祭は世界的な音楽家による典雅で魅力に満ちた演操で開幕した。		
2	介護が必要な高齢者に配慮した住宅で床の段差を解衝し手すりも備えている。		
3	熟練のコーチは決勝戦を目前に控えた選手たちの緊調を巧みにほぐした。		
4	都市の形観を保全するために建築物の高さや屋外広告物の制限を検討する。		
5	祭のみこしをかついだ決気盛んな青年たちが威勢よく神社を出発した。		
6	児童公園の遊具に危険な箇所があるとの使摘があり、早速対策を講じた。		
7	突然の停電で機械が作動しなくなり、仕事に大きな支傷をもたらした。		
8	近隣諸国との友好関係を保つことは外交政策における基本的な科題だ。		
9	新設の交響楽団が入団希望者の専考を行い、合格者と契約を交わした。		
10	柔道部員たちは一日の練習が済んだ後、丹念に道場の掃事をした。		

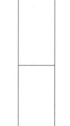

31 漢字の読み 7

出る順 ランク B

合格 13／18

得点

◆次の――線の読みをひらがなで書きなさい。

□1 意を決して**果敢**に攻め込んだ。

□2 街の**画廊**で油絵の展覧会をする。

□3 毎朝、**鶏舎**に卵を取りに行く。

□4 **精巧**な技術が必要な時計職人だ。

□5 初めて人生の**悲哀**を味わった。

□6 国元の**老婆**に昔の話を聞いた。

□7 重要書類を**密封**して保管する。

□8 確かな**審美眼**を持つ美術商だ。

□9 両者共に譲らず会談は**決裂**した。

□10 何事にも**純粋**な気持ちで尽くす。

□11 疲れたので少し**休憩**をとる。

□12 **虚勢**を張って平気なふりをする。

□13 言葉を尽くして退部を**慰留**した。

□14 ろうそくの**炎**がゆれている。

□15 在庫品を**卸値**で売ってもらった。

□16 祝勝会が盛大に**催**された。

□17 肩の**凝**らない気楽な読み物だ。

□18 プラカードを**掲**げて行進した。

32 漢字の読み 8

出る順 ランク B

合格 13/18

得点

◆次の——線の読みをひらがなで書きなさい。

□ 1 稲穂が美しい季節になった。

□ 2 他の追随を許さない最高傑作だ。

□ 3 長い耐乏生活から抜け出した。

□ 4 ビタミンを摂取して体調を整える。

□ 5 建築許可の申請書を出した。

□ 6 債権者の厳しい取り立てがあった。

□ 7 あり合わせの食材で雑炊をつくった。

□ 8 床の間に香炉を飾る。

□ 9 裁判所は申し立てを棄却した。

□ 10 大会出場者を激励する会だ。

□ 11 国家公務員のことを官吏ともいう。

□ 12 トンネルが貫通して便利になった。

□ 13 外交官が相手国と折衝を重ねている。

□ 14 雲行きが怪しいので雨具を用意する。

□ 15 何一つ恨みに思うことはない。

□ 16 苗木を植える。

□ 17 窓はカーテンで覆われていた。

□ 18 もう、その話は聞き飽きた。

33 漢字の読み 9

出る順 ランク B

合格 13/18

得点

◆次の——線の読みをひらがなで書きなさい。

1 やっと所期の目的を**完遂**した。
2 旅客機は**滑走路**を飛び立った。
3 物語の舞台は**架空**の世界だ。
4 大昔の**古墳**が発掘された。
5 経費の**削減**に努めている。
6 荒野の風景は**殺伐**としていた。
7 道徳観念の**欠如**は許されない。
8 偉業を残した先人の**軌跡**をたどる。
9 祖父は**水墨画**を教えている。
10 大きな**犠牲**を払って目的を達した。
11 新人らしい**殊勝**な心がけだ。
12 坂道で転んで**擦過傷**を負った。
13 住居を**郊外**のマンションに移す。
14 救いの手を差し**伸**べる。
15 気配を**悟**って素早く身を引いた。
16 刀は**侍**の魂といわれた。
17 寝坊して**慌**てて飛び起きた。
18 自分を**卑下**する必要はない。

34 漢字の読み 10

出る順 ランク B

合格 13/18

得点

◆次の――線の読みをひらがなで書きなさい。

□ 1 両者の腕前は甲乙つけがたい。
□ 2 自然災害に対する注意を喚起する。
□ 3 港湾関係の仕事に従事している。
□ 4 心のこもらない空虚な発言だ。
□ 5 この問題にはこれで終止符を打つ。
□ 6 祖母の危篤を聞いて故郷に直行した。
□ 7 峠までは険阻な山道が続く。
□ 8 小動物の虐待は許されない。
□ 9 能楽の神髄に触れる機会を得た。
□ 10 なんとも奇怪極まる珍事件だ。
□ 11 固い決意と気概を持って当たる。
□ 12 世間とは隔絶した田舎暮らしだ。
□ 13 人生の岐路を乗り越えてきた。
□ 14 カツオの水揚げで港はにぎわう。
□ 15 絞り染めの振り袖を着る。
□ 16 賢そうな子どもだ。
□ 17 忘れ物がないように注意を促す。
□ 18 損失の穴埋めに苦慮している。

35 漢字の読み 11

出る順 ランクB

合格 13/18

得点

◆次の――線の読みをひらがなで書きなさい。

□ 1 日ごろのご**愛顧**に感謝します。
□ 2 熱い思いが**凝縮**された文章だ。
□ 3 国旗の**掲揚**で式は始まった。
□ 4 記事転載の**許諾**を得た。
□ 5 送金が遅れて**延滞**料を払った。
□ 6 古い友人に**偶然**出会った。
□ 7 傷口を**縫合**する手術を受けた。
□ 8 人物にカメラの**焦点**を合わせる。
□ 9 取材源は固く**秘匿**されていた。
□ 10 むだ話は聞くだけ時間の**浪費**だ。
□ 11 **倹約**を心がけて生活する。
□ 12 富士山は**霊峰**とも称される。
□ 13 **魅惑**的な歌声に酔いしれた。
□ 14 **辛**い料理が好きだ。
□ 15 姉の**嫁**ぎ先に立ち寄った。
□ 16 スカートのほつれを**繕**った。
□ 17 優勝の夢は**幻**に終わった。
□ 18 負うた子に教えられて**浅瀬**を渡る。

36 漢字の読み 12

出る順 ランクB

合格 13/18

得点

◆次の——線の読みをひらがなで書きなさい。

□1 人権擁護のために活動する。
□2 強震で建物の一部が崩壊した。
□3 情勢の悪化で国境は封鎖された。
□4 町内会の会計を委嘱された。
□5 諸般の条件を勘案して決める。
□6 エレベーターを昇降機ともいう。
□7 錠剤の胃薬を飲んだ。
□8 美術館で珍しい彫刻を見た。
□9 内戦で国力は衰退した。
□10 会長就任の快諾を得た。
□11 いい加減な態度に幻滅した。
□12 どれを取っても陳腐なアイデアだ。
□13 九回裏に痛恨の一打を浴びた。
□14 作者は巧妙に伏線を敷いていた。
□15 放置自転車は通行の妨げになる。
□16 和服に白足袋をはいて出かけた。
□17 又聞きの話だから確かではない。
□18 祖母が炉端で昔話をしてくれた。

37 漢字の書き 7

出る順 ランクB

合格 11/15

得点

◆次の——線のカタカナを漢字に直しなさい。

1 サクシ活動を始める。
2 ジントクの高い君主がいた。
3 試合前にシセイを正して一礼をする。
4 タクハイ便を送る。
5 機械のソウサに熟練している。
6 人間のソンゲンを守り抜いた。
7 回顧録のチョシャが講演をした。
8 並外れたズノウの持ち主だ。
9 地面にスイチョクに棒を立てる。
10 ここはシンセイな場所だ。
11 入場者はノべ十万人に及んだ。
12 トドけ先が不明だ。
13 先祖をウヤマう心の厚い人だ。
14 海でシオカゼにあたる。
15 朝の空気を胸一杯にスった。

38 漢字の書き 8

出る順 ランク B

合格 11／15

得点

◆次の――線のカタカナを漢字に直しなさい。

□1 私鉄**エンセン**の住宅団地に住む。

□2 調査は全国的な**キボ**で実施された。

□3 オーケストラの**エンソウ**会に行った。

□4 手続きは**カンベン**な方法で行います。

□5 念願の世界**イサン**に登録された。

□6 列車が**ケイテキ**を鳴らして通過した。

□7 誠実に**ホネミ**惜しまずに働いた。

□8 趣味で自動車の**モケイ**を作っている。

□9 毎朝の**フッキン**運動で体力を養う。

□10 議員が海外事情の**シサツ**に出張した。

□11 不精者で**タテ**のものを横にもしない。

□12 人の**ナサ**けの有りがたみを感じた。

□13 人は**ハイコキュウ**で酸素を取り入れる。

□14 鏡で自分の**スガタ**を見る。

□15 朝日が**マドベ**に差していた。

39 漢字の書き 9

出る順 ランク B

合格 11/15

得点

◆次の――線のカタカナを漢字に直しなさい。

□ 1 **ジョウカマチ**として栄える。
□ 2 **トウイン**を増やす。
□ 3 友人の**タンジョウ**日を祝う。
□ 4 **サトウ**を少し加える。
□ 5 新興国が国連に**カメイ**した。
□ 6 兄は**ハイユウ**を志している。
□ 7 卒業記念の**ショクジュ**をした。
□ 8 本を**ハイシャク**する。
□ 9 天皇**ヘイカ**がお見えになる。
□ 10 **チソウ**の研究をする。
□ 11 国歌の**オゴソ**かな演奏で始まった。
□ 12 雪も消えて春の**オトズ**れも近い。
□ 13 会の**ホウシン**に異議を唱える。
□ 14 **タカラ**のありかを探す。
□ 15 部屋の入口を**ト**ざす。

1	2	3	4	5	6	7	8	9	10	11	12	13	14	15

40 漢字の書き 10

出る順 ランク B

合格 11/15

得点

◆次の——線のカタカナを漢字に直しなさい。

□ 1 新薬のニンカを受ける。

□ 2 シュクシャク五万分の一の地図だ。

□ 3 書類のマイスウを数える。

□ 4 シンゾウを移植する。

□ 5 父のチュウコクに従う。

□ 6 結論をヨクジツの会議に持ち越した。

□ 7 今日中に仕上げるのはシナンの業だ。

□ 8 ジキを帯びる。

□ 9 急にフクツウが起きて欠席した。

□ 10 素早い応急ショチが取られた。

□ 11 コキョウの母から小包が届いた。

□ 12 カクハンの分担を決める。

□ 13 手をアラってから料理にかかる。

□ 14 山のイタダキをのぞむ。

□ 15 弓で矢をイる。

41 漢字の書き 11

出る順 ランク B

合格 11/15

得点

◆次の――線のカタカナを漢字に直しなさい。

□ 1 真っ赤にカンジュクしたトマトだ。

□ 2 京都までのオウフク切符を買った。

□ 3 思いがけない場面にコウフンした。

□ 4 被災地に食料をキョウキュウする。

□ 5 シュウキョウ学を学ぶ。

□ 6 戦国のブショウとして名が知られる。

□ 7 鉄道ウンチンの値上げがあった。

□ 8 約束をセイジツに守る。

□ 9 新製品のセンデンに力を入れる。

□ 10 雨の場合のタイサクも考えておく。

□ 11 いつもすばらしいキゲキを演じてくれる。

□ 12 ホウリツを制定する。

□ 13 冷たい水でセンガンする。

□ 14 雨がハゲしく降り続く。

□ 15 雨が降らず池の水がヒ上がった。

42 漢字の書き 12

出る順 ランクB

合格 11/15

得点

◆次の——線のカタカナを漢字に直しなさい。

□ 1 法に基づいて**サバ**く。

□ 2 外国に**ボウメイ**する。

□ 3 提案説明に次いで**シツギ**に入った。

□ 4 人の気持ちを**スイサツ**する。

□ 5 贈物をきれいに**ホウソウ**してもらう。

□ 6 **ショメイ**を集める。

□ 7 時間を**エンチョウ**して協議は続いた。

□ 8 総合病院の**カンゴシ**をしている

□ 9 チームのために**サイゼン**の努力を払う。

□ 10 型は古いが**ワリヤス**でお買い得です。

□ 11 小数点以下を切り**ス**てる。

□ 12 災害に備えて食料を**チョゾウ**しておく。

□ 13 悪事の**カタボウ**をかついだ。

□ 14 有害物を取り**ノゾ**く。

□ 15 **ワス**れ物を取りに帰る。

43 同音・同訓異字 4

出る順 ランク B

合格 11/15

得点

◆次の――線のカタカナにあてはまる漢字をそれぞれア～オから選び、記号を□に記入しなさい。

1 公園にフン水が設置された。
2 無責任な言動にフン慨する。
3 決算はフン飾されていた。
（ア 粉　イ 紛　ウ 墳　エ 噴　オ 憤）

4 将来のホウ負を語り合った。
5 竜巻で建物がホウ壊した。
6 キノコ類はホウ子で増える。
（ア 崩　イ 胞　ウ 抱　エ 封　オ 倣）

7 出会い頭にショウ突した。
8 多大な功績をショウする。
9 人物にカメラのショウ点を当てる。
（ア 晶　イ 掌　ウ 衝　エ 彰　オ 焦）

10 社会の福シに役立っている。
11 図書館は公共のシ設だ。
12 大臣がシ問委員会に出席した。
（ア 施　イ 祉　ウ 視　エ 諮　オ 旨）

13 細密な仕事で肩がコった。
14 『天高く馬コゆる秋』という。
15 幾つもの山や谷をコえてきた。
（ア 込　イ 凝　ウ 肥　エ 越　オ 超）

44 同音・同訓異字 5

出る順 ランクB

合格 11／15

得点

◆次の――線のカタカナにあてはまる漢字をそれぞれア～オから選び、記号を□に記入しなさい。

1 日ごろからケン約に努めている。
2 公正な立場をケン持する。
3 合格のケン内に入っている。
（ア 剣　イ 倹　ウ 賢　エ 堅　オ 圏）

4 成り行きがチュウ目されている。
5 旅行券がチュウ選で当たった。
6 寺の釣り鐘をチュウ造する。
（ア 駐　イ 注　ウ 柱　エ 鋳　オ 抽）

7 決してジョウ歩はしない考えだ。
8 いつもジョウ談で人を笑わせる。
9 水分は熱するとジョウ発する。
（ア 冗　イ 譲　ウ 蒸　エ 嬢　オ 錠）

10 渡り鳥がシツ原に舞い降りた。
11 野生馬が草原をシッ駆する。
12 会長はシツ務室にいる。
（ア 疾　イ 質　ウ 失　エ 執　オ 湿）

13 空港のロビーで別れをオしむ。
14 文鎮で半紙をオさえる。
15 自らのオい立ちを振り返ってみる。
（ア 推　イ 押　ウ 生　エ 惜　オ 帯）

45 同音・同訓異字 6

出る順 ランクB

合格 11/15

得点

◆次の――線のカタカナにあてはまる漢字をそれぞれア～オから選び、記号を□に記入しなさい。

1 人気商品がレン価で売られている。
2 機械の操作に熟レンしている。
3 舞台で悲レンの主人公を演じた。
（ア 錬　イ 練　ウ 恋　エ 廉　オ 連）

4 交通ボウ害になってはいけない。
5 相手方のボウ略にはめられた。
6 資金の欠ボウを借入金で補う。
（ア 謀　イ 某　ウ 膨　エ 妨　オ 乏）

7 和服姿のタン麗な婦人だ。
8 試合に敗退して落タンした。
9 工芸品をタン精こめて仕上げた。
（ア 胆　イ 担　ウ 端　エ 探　オ 丹）

10 濃コンの制服を着用している。
11 原野を開コンして農地をひらく。
12 腹にコン性をすえてかかる。
（ア 恨　イ 根　ウ 墾　エ 紺　オ 魂）

13 布地をタって人形の服を作る。
14 先回りして敵の退路をタつ。
15 郊外のタて売り住宅を買った。
（ア 裁　イ 絶　ウ 立　エ 建　オ 断）

46 漢字識別 3

出る順 ランクB

合格 11／15

得点

◆次の1～5の三つの□に共通する漢字を入れて熟語を作りなさい。漢字は下のア～コから選び、記号を□に記入しなさい。

(1)

□ 1 共□・陰□・□略

□ 2 □和・□慢・□急

□ 3 □待・残□・□殺

□ 4 □客・回□・□問

□ 5 □悪・□道・□念

ア 穏	ウ 極	オ 接	キ 乗	ケ 鳴
イ 顧	エ 謀	カ 虐	ク 緩	コ 邪

(2)

□ 1 □道・常□・広□

□ 2 □泊・濃□・□彩

□ 3 早□・□木・□床

□ 4 突□・□通・縦□

□ 5 □方・□葉・□生児

ア 苗	ウ 軌	オ 寝	キ 漂	ケ 途
イ 舗	エ 双	カ 淡	ク 起	コ 貫

(3)

□ 1 □越・教□・食□

□ 2 画□・回□・□下

□ 3 自□・□事・雑□

□ 4 □児・□盤・□内

□ 5 鼓□・角□・結□炎

ア 炊	ウ 材	オ 膜	キ 幼	ケ 笛
イ 胎	エ 超	カ 我	ク 廊	コ 卓

47 熟語の構成 3

出る順 ランクB

合格 14/20

得点

熟語の構成のしかたには、次のようなものがある。

ア 同じような意味の漢字を重ねたもの （岩石）
イ 反対または対応の意味を表す字を重ねたもの （高低）
ウ 上の字が下の字を修飾しているもの （洋画）
エ 下の字が上の字の目的語・補語になっているもの （着席）
オ 上の字が下の字の意味を打ち消しているもの （非常）

◆次の熟語は右のア〜オのどれにあたるか記号で答えなさい。

1 佳境
2 隔世
3 屈伸
4 鐘楼
5 選択
6 脱会
7 封鎖
8 無恥
9 離合
10 廉価

11 緩慢
12 呼応
13 譲位
14 孤独
15 盛衰
16 鍛練
17 濫用
18 捕鯨
19 涙腺
20 不吉

48

熟語の構成 4

出る順 ランクB

合格 14/20

得点

熟語の構成のしかたには、次のようなものがある。

ア 同じような意味の漢字を重ねたもの	（岩石）
イ 反対または対応の意味を表す字を重ねたもの	（高低）
ウ 上の字が下の字を修飾しているもの	（洋画）
エ 下の字が上の字の目的語・補語になっているもの	（着席）
オ 上の字が下の字の意味を打ち消しているもの	（非常）

◆次の熟語は右のア～オのどれにあたるか記号で答えなさい。

□ 1 濃淡

□ 2 虚勢

□ 3 衝突

□ 4 無尽

□ 5 慰霊

□ 6 波浪

□ 7 登壇

□ 8 崩壊

□ 9 養豚

□ 10 与奪

□ 11 炊飯

□ 12 隔絶

□ 13 不遇

□ 14 経緯

□ 15 裸眼

□ 16 駐車

□ 17 未来

□ 18 魔法

□ 19 訪欧

□ 20 無双

49 部首 3

出る順 ランク B

合格 10/14

得点

◆次の漢字の部首をア〜エから選び、記号を記入しなさい。

1 乳（ア ノ　イ 爫　ウ 子　エ 乚）

2 逮（ア 隶　イ 辶　ウ 氺　エ 亅）

3 婆（ア 氵　イ 皮　ウ 又　エ 女）

4 房（ア 一　イ 尸　ウ 戸　エ 方）

5 卑（ア ノ　イ 白　ウ 田　エ 十）

6 癖（ア 辛　イ 广　ウ 尸　エ 疒）

7 簿（ア 氵　イ ⺮　ウ 寸　エ 田）

8 裂（ア 夕　イ 衣　ウ 歹　エ 刂）

9 翻（ア 釆　イ 米　ウ 羽　エ 田）

10 某（ア 一　イ 甘　ウ 十　エ 木）

11 魔（ア 广　イ 木　ウ 儿　エ 鬼）

12 吏（ア 人　イ 口　ウ ノ　エ 大）

13 閲（ア 門　イ 日　ウ 口　エ 儿）

14 卸（ア ⻊　イ 卩　ウ 止　エ 缶）

50

部首 4

出る順 ランクB

合格 10／14

得点

◆次の漢字の部首をア～エから選び、記号を記入しなさい。

1 夏〔ア 自　イ 又　ウ 夊　エ 目〕

2 我〔ア 扌　イ ノ　ウ 一　エ 戈〕

3 企〔ア 人　イ 入　ウ ト　エ 止〕

4 欺〔ア 二　イ 甘　ウ 八　エ 欠〕

5 喫〔ア 口　イ 刀　ウ 丰　エ 大〕

6 虚〔ア ト　イ 虍　ウ ヒ　エ 厂〕

7 遇〔ア 曰　イ 田　ウ 冂　エ 辶〕

8 鶏〔ア ノ　イ 爫　ウ 大　エ 鳥〕

9 慌〔ア し　イ 忄　ウ 艹　エ 亠〕

10 歳〔ア 止　イ 厂　ウ 戈　エ 小〕

11 施〔ア ノ　イ 方　ウ 亠　エ し〕

12 術〔ア 亻　イ 彳　ウ 行　エ 十〕

13 墜〔ア 阝　イ 八　ウ 土　エ 豕〕

14 殊〔ア 歹　イ 夕　ウ 二　エ 木〕

51 対義語・類義語 3

出る順 ランクB

合格 14／20

得点

◆次の□内に入る適切な語を、後の□の中から必ず一度選んで漢字に直し、対義語・類義語を作りなさい。

対義語

1 架空 ― 実□
2 拘束 ― □放
3 詳細 ― 簡□
4 悪化 ― □転
5 正統 ― □端
6 停滞 ― 進□
7 短縮 ― □長
8 浪費 ― 倹□
9 興隆 ― 衰□
10 辞退 ― □諾

類義語

11 吉報 ― □報
12 了解 ― □得
13 危篤 ― □体
14 起伏 ― 高□
15 計略 ― □謀
16 手腕 ― 技□
17 誘導 ― □内
18 繁栄 ― 隆□
19 手柄 ― 功□
20 華美 ― □手

あん・い・えん・かい・こう・ざい・さく・じゅう・しょう・せい・せき・たい・てい・てん・なっ・は・やく・りゃく・りょう・ろう

52

対義語・類義語 4

出る順 ランクB

合格 14／20

得点

◆次の□内に入る適切な語を、後の□の中から必ず一度選んで漢字に直し、対義語・類義語を作りなさい。

対義語

1 寒冷 ― 温□

2 異郷 ― □郷

3 賢明 ― □愚

4 妨害 ― □力

5 脱退 ― 加□

6 追加 ― 削□

7 甘言 ― □言

8 逮捕 ― 釈□

9 賞賛 ― 非□

10 子孫 ― □先

類義語

11 潤沢 ― 豊□

12 審議 ― 検□

13 回顧 ― □憶

14 有数 ― 屈□

15 恒久 ― □遠

16 快活 ― 明□

17 辛酸 ― □苦

18 屈服 ― □参

19 基礎 ― 根□

20 魂胆 ― 意□

あん・えい・かん・きょう・く・こ・こう・こん・し・じょ・そ・だん・つい・と・とう・なん・ふ・ほう・めい・ろう

53 漢字と送りがな 3

出る順 ランク B

合格 11／15

得点

◆次の——線のカタカナを漢字一字と送りがな（ひらがな）に直しなさい。

〈例〉 門をアケル。 開ける

□ 1 極寒のキビシイ自然に生きる。

□ 2 事実にモトヅイた小説である。

□ 3 迷惑をかけた相手にアヤマル。

□ 4 最後まで反対をトナエル。

□ 5 谷川のキヨラカナ水をくむ。

□ 6 西空が夕日で紅にソマル。

□ 7 旅の御土産をイタダイた。

□ 8 消防車はタダチニ出動した。

□ 9 心のマズシイ人間になりたくない。

□ 10 思わず顔をソムケてしまった。

□ 11 遠足のアクル日は雨だった。

□ 12 武士たちはイサマシク戦った。

□ 13 敵に十字砲火をアビセル。

□ 14 心を静めて試合にノゾム。

□ 15 氷を入れてお湯をサマス。

54 四字熟語 4

出る順 ランクB

合格 12/16

得点

◆文中の四字熟語の——線のカタカナを漢字に直しなさい。□に二字記入しなさい。

□ 1 新婦はサイショク兼備の人といわれる。

□ 2 大胆フテキに正面攻撃をかけてきた。

□ 3 何事にもテンイ無縫に振る舞う人だ。

□ 4 世のためリガイ得失を忘れて尽くす。

□ 5 臨機オウヘンの対応が功を奏した。

□ 6 すべての疑問がウンサン霧消した。

□ 7 別離に臨んで感慨ムリョウだ。

□ 8 奇想テンガイな発想に舌を巻いた。

□ 9 どれを取っても大同ショウイだ。

□ 10 突然の天変チイに都市は壊滅した。

□ 11 不用品をニソク三文で売り払った。

□ 12 間違いを犯し平身テイトウして謝る。

□ 13 シンザン幽谷の静寂な気分を味わう。

□ 14 内容の乏しいムミ乾燥な文章だ。

□ 15 点差が開いても油断タイテキだ。

□ 16 人柄は良いがキヨウ貧乏で終わった。

55 四字熟語 5

出る順 ランクB

合格 12/16

得点

◆文中の四字熟語の――線のカタカナを漢字に直しなさい。□に二字記入しなさい。

1 ついにゼンジン未到の大記録が出た。

2 今年の新人はギョクセキ混交のようだ。

3 てこずったが一件ラクチャクした。

4 話の中味が我田インスイに過ぎる。

5 勝利してイキ揚々と帰宅した。

6 疲れ果てて前後フカクに眠り込んだ。

7 二人は意気トウゴウして協力し合った。

8 コック勉励して志を果たした。

9 難攻フラクの城として有名だ。

10 学内で博学タサイで有名な学者だ。

11 祖父はムビョウ息災で長生きした。

12 国は門戸カイホウの政策をとる。

13 晩年は行雲リュウスイの生活を送る。

14 事件はシュウジン環視の中で起きた。

15 シンキ一転して一から出直す。

16 力士はココン無双の力持ちだ。

56 四字熟語 6

出る順 ランクB

合格 12/16

得点

◆文中の四字熟語の――線のカタカナを漢字に直しなさい。□に二字記入しなさい。

□ 1 決意して奮励ドリョクの大道を行く。

□ 2 つまらない流言ヒゴに過ぎない。

□ 3 温故チシンを心に秘めて学業に励む。

□ 4 話し合いはギロン百出で盛り上がった。

□ 5 社会人として思慮フンベツがほしい。

□ 6 スタッフが同床イムではまとまらない。

□ 7 世にも不思議なフクザツ怪奇な事件だ。

□ 8 有為テンペンは人の世の常だ。

□ 9 遊びを優先するとはホンマツ転倒だ。

□ 10 レギュラー奪取のコウキ到来だ。

□ 11 怪盗は変幻ジザイに出没した。

□ 12 コウシ混同をせずに対処する。

□ 13 三寒シオンで春の訪れも近い。

□ 14 メイジツ一体のすばらしい活躍だ。

□ 15 政界の離合シュウサンは常にある話だ。

□ 16 一石ニチョウの名案を思い付いた。

1	2	3	4	5	6	7	8	9	10	11	12	13	14	15	16

57 誤字訂正 3

出る順 ランクB

合格 7/10

得点

◆次の各文にまちがって使われている同じ読みの漢字が一字あります。上に誤字を、下に正しい漢字を記しなさい。

	問題	誤	正
□	1 愛好家が丹精して育てた菊の品評会に報道関係者たちが取在に訪れた。		
□	2 濫獲で水産資現のマグロが急減し、漁獲量の国際的な規制が始まった。		
□	3 空港機能の増強と騒音問題の解消を図るため、沖合に移転して隔張する。		
□	4 はしかのウイルスに感線してから一週間の潜伏期間を経て高熱を発した。		
□	5 選挙は保守派の前市長と革新派の新人候捕との一騎打ちになった。		
□	6 秋には、美術展や音楽会、演劇祭など他彩な催しが目白押しだ。		
□	7 パソコンの使用目的を考え、各機種の性能を比較し検当して購入した。		
□	8 昔から厚い信仰をあつめてきた霊場の数箇所を日返りで巡拝する旅だ。		
□	9 民主主義の理念は個人の自由や価値観の多様性の尊長を根幹としている。		
□	10 増水による災害に見舞われた地域では豪雨に供えて堤防を建設した。		

58 漢字の読み 13

出る順 ランク C

合格 13/18

得点

◆次の——線の読みをひらがなで書きなさい。

□ 1 会議は円滑に進行している。
□ 2 資産の一部隠匿が発覚した。
□ 3 冷蔵庫から出して解凍する。
□ 4 晴天なのに雷が突如鳴り出した。
□ 5 チームの沈滞ムードを吹き払う。
□ 6 業界の内幕を赤裸々にあばく。
□ 7 優勝杯の争奪戦が始まった。
□ 8 犯行は残虐をきわめた。
□ 9 目の錯覚を利用した遊びだ。
□ 10 県を南北に縦貫する道路だ。
□ 11 決意して敢然と立ち向かう。
□ 12 男女の愛憎を巧みな筆致で描く。
□ 13 我慢して屈辱に耐えていた。
□ 14 新しい橋を架ける話が出た。
□ 15 着飾った人達で会場が華やぐ。
□ 16 サーカスの綱渡りに息をのむ。
□ 17 見事な仕掛け花火に歓声がわいた。
□ 18 傷薬を塗って包帯を巻いた。

59 漢字の読み 14

出る順 ランクC

合格 13/18

得点

◆次の――線の読みをひらがなで書きなさい。

□ 1 考え方としては**穏健**派に属する。
□ 2 鉄道模型を**遠隔**操作する。
□ 3 絵画のコンクールに**応募**した。
□ 4 ご厚情をたまわり**恐悦**しています。
□ 5 服装が**華美**に過ぎると注意された。
□ 6 **棋士**は長考の末に一手を指した。
□ 7 陸の**孤島**と呼ばれる不便な地域だ。
□ 8 テレビの**娯楽**番組を楽しんでいる。
□ 9 長年の**習癖**はなかなか改めにくい。
□ 10 様々な思いが胸に**交錯**する。
□ 11 花々が**芳香**を放っている。
□ 12 世界的な**哲学者**として有名な人だ。
□ 13 **濃紺**の背広を着て出席した。
□ 14 **胃袋**いっぱいに食べて満足した。
□ 15 昼間を**欺**くような満月だ。
□ 16 新党の**旗揚**げに参加した。
□ 17 **粋**な身なりの女性。
□ 18 お寺の**鐘**の音が聞こえる。

60 漢字の読み 15

出る順 ランク C

合格 13/18

得点

◆次の——線の読みをひらがなで書きなさい。

□ 1 公共の**福祉**を図る。
□ 2 虫害で枯れた木を**伐採**する。
□ 3 海上に**波浪**警報が出ている。
□ 4 **特殊**な材料を使って製作する。
□ 5 飛行機が山中に**墜落**した。
□ 6 天下の絶景に**詠嘆**の声を上げた。
□ 7 暴徒の侵入を**阻止**する。
□ 8 工事区間を列車は**徐行**した。
□ 9 道が二つに**分岐**している。
□ 10 我が国に**欧米**の文化が流入した。
□ 11 つり銭を百円**硬貨**で支払う。
□ 12 山崩れで道路が**埋没**した。
□ 13 最後の講師が**登壇**した。
□ 14 委員会に**諮**って決める。
□ 15 悪を**憎**む心は一段と強い。
□ 16 司会者に**促**されて発言した。
□ 17 日々の練習を**怠**ることはない。
□ 18 親の言葉を**肝**にめいじる。

1	2	3	4	5	6	7	8	9	10	11	12	13	14	15	16	17	18

61 漢字の読み 16

出る順 ランク C

合格 13/18

得点

◆次の――線の読みをひらがなで書きなさい。

□ 1 友人は**陶器**に詳しい。
□ 2 講堂で**邦楽**の演奏会があった。
□ 3 水産資源を**濫獲**から守る。
□ 4 被災国から支援の**要請**があった。
□ 5 憲法は戦争**放棄**を宣言している。
□ 6 学会の**重鎮**といわれている人だ。
□ 7 買った店で**修繕**してもらった。
□ 8 **山岳**ガイドとともに登山をする。
□ 9 海岸線が大きく**湾曲**している。
□ 10 帰郷して**墳墓**の地で暮らす。
□ 11 事業計画の**輪郭**が見えてきた。
□ 12 仮名の入力を漢字に**変換**する。
□ 13 打球は**弧**を描いて空中に舞った。
□ 14 しっかりとひもで**縛**っておく。
□ 15 **冗談**を言うにも程がある。
□ 16 冷水で乾いたのどを**潤**す。
□ 17 甘美なメロディに**酔**いしれる。
□ 18 母が夏のゆかたを**縫**ってくれた。

62 漢字の書き 13

出る順 ランク C

合格 11/15

得点

◆次の――線のカタカナを漢字に直しなさい。

□ 1 ザッシの記事を切り抜く。

□ 2 全国のケンチョウ所在地を覚える。

□ 3 ボニュウで育てる。

□ 4 複雑なキョウチュウを明かした。

□ 5 ヒテイ的な態度をとる。

□ 6 カブトムシのヨウチュウを飼育している。

□ 7 カイカクの必要性を力説した。

□ 8 冷静にタイショして難を逃れた。

□ 9 チュウシャをうつ。

□ 10 タグれ時に帰宅する。

□ 11 全員がナラんで歩く。

□ 12 ガラスの器に料理をモる。

□ 13 他人からウタガわれることはない。

□ 14 父はバンネンを楽しんでいる。

□ 15 春がきて木々にワカメが出てきた。

63 漢字の書き 14

出る順 ランクC

合格 11/15

得点

◆次の——線のカタカナを漢字に直しなさい。

1 学校ではエンゲキ部に属していた。

2 道路のカクチョウ工事で立ち退いた。

3 計画はゴクヒのうちに進められた。

4 常夏のハワイショトウ。

5 舞台に上がって詩のロウドクをした。

6 発車スンゼンに飛び乗る。

7 ハイゴから声をかけた。

8 ムヨクで戦って勝利を得る。

9 カイマクのベルが鳴る。

10 久し振りにコキョウの村に帰省した。

11 カシに曲を付ける。

12 自分の姿を鏡にウツす。

13 父のヤサしい一言に救われた。

14 魚つりのアナバをよく知っている。

15 遺跡の発掘で文明のミナモトを探る。

64 漢字の書き 15

出る順 ランク C

合格 11/15

得点

◆次の――線のカタカナを漢字に直しなさい。

1 コウテツのような意志をもった人だ。
2 試合に備えて体力をオンゾンする。
3 この空き地はシユウチだ。
4 コンナンに立ち向かう。
5 合唱祭のシキ者に任命された。
6 ユウビン物を受け取る。
7 セイザをして話を聞く。
8 ベイコク店を営む。
9 悪者退治のツウカイな物語だ。
10 書き初めのテンラン会に出品した。
11 鉄道線路にソって南行する。
12 ゆっくり休んで英気をヤシナう。
13 事はスジガき通りに運んだ。
14 新しい布地をタつ。
15 先輩のおホネオりで就職できた。

65 漢字の書き 16

出る順 ランク C

合格 11／15

得点

◆次の――線のカタカナを漢字に直しなさい。

□ 1 喜びはゼッチョウに達した。

□ 2 サボウダムを建設する。

□ 3 事件の内容をカンリャクに報告する。

□ 4 白旗を掲げてコウサンする。

□ 5 将来のこともシヤに入れて検討した。

□ 6 迫力とリンジョウ感に満ちた場面だ。

□ 7 現場にミッチャクして取材を続けた。

□ 8 完成までの期間がタンシュクできた。

□ 9 列車はテイコクに発車した。

□ 10 都心にテンキンとなった。

□ 11 竹をワったような性格の人だ。

□ 12 人々はワレサキにと窓口に殺到した。

□ 13 古時計が変わらず時をキザむ。

□ 14 責任逃れの言いワケをするな。

□ 15 夕日が空をクレナイに染めていた。

66 同音・同訓異字 7

出る順 ランクC

合格 11/15

得点

◆次の――線のカタカナにあてはまる漢字をそれぞれア～オから選び、記号を□に記入しなさい。

1 地方の発展にコウ績があった。
2 炭コウは既に閉鎖されている。
3 手口がコウ妙なので見落とした。
（ア 抗　イ 坑　ウ 巧　エ 功　オ 甲）
□

4 資金はジュン沢に用意してある。
5 法令は各人がジュン守するべきだ。
6 この地方で芝居のジュン業がある。
（ア 準　イ 潤　ウ 遵　エ 巡　オ 盾）
□

7 冷蔵庫に入れてトウ結させる。
8 雪の坂道で滑って転トウした。
9 かつて天然トウが流行したことがある。
（ア 凍　イ 到　ウ 倒　エ 陶　オ 痘）
□

10 両国は友好条約をテイ結した。
11 辞書の改テイ新版が発行された。
12 禁止事項にテイ触するので止める。
（ア 体　イ 訂　ウ 抵　エ 締　オ 提）
□

13 マッチをスって火をつけた。
14 検査がスんでから行く。
15 青くスみ渡った秋の空だ。
（ア 済　イ 擦　ウ 刷　エ 透　オ 澄）
□

67 同音・同訓異字 8

出る順 ランク C

合格 11／15

得点

◆次の――線のカタカナにあてはまる漢字をそれぞれア～オから選び、記号を□に記入しなさい。

1 抑ヨウを付けて詩の朗読をする。
2 園児といっしょに童ヨウを歌った。
3 人権ヨウ護の運動に加わる。
（ア 腰　イ 擁　ウ 揺　エ 謡　オ 揚）

4 濃霧でソウ難する恐れがある。
5 よく洗って乾ソウさせる。
6 在庫一ソウの大売り出しだ。
（ア 燥　イ 掃　ウ 遭　エ 双　オ 装）

7 海上に波ロウ警報が出ている。
8 水道管が破損してロウ水した。
9 見事なロウ閣を備えた御殿だ。
（ア 朗　イ 廊　ウ 楼　エ 浪　オ 漏）

10 博覧会の開サイ地に決まった。
11 植物サイ集で里山に登った。
12 会社にサイ権者が押し寄せた。
（ア 催　イ 採　ウ 彩　エ 債　オ 栽）

13 親のカわりに息子が出席した。
14 特別にカわったことはない。
15 旅行にはカえ着を持っていく。
（ア 替　イ 換　ウ 代　エ 変　オ 貸）

68 漢字識別 4

出る順 ランクC

合格 11/15

得点

◆次の1～5の三つの□に共通する漢字を入れて熟語を作りなさい。漢字は下のア～コから選び、記号を□に記入しなさい。

(1)

1 □楽・連□・□人

2 交□・□乱・□覚

3 □印・即□・彫□

4 □紀・大□・□領

5 遠□・□離・□世

ア 悦　イ 刻　ウ 綱　エ 隔　オ 邦　カ 換　キ 征　ク 封　ケ 錯　コ 風

(2)

1 解□・□結・□傷

2 家□・牧□・□産

3 □正・改□・□飾

4 傾□・□衆・傍□

5 密□・□鎖・□建制

ア 紋　イ 散　ウ 聴　エ 畜　オ 凍　カ 修　キ 斜　ク 封　ケ 閉　コ 訂

(3)

1 常□・□留・□在

2 □失・□争・内□

3 古□・□墓・円□

4 □謝・□情・□腐

5 □実・危□・□志家

ア 墳　イ 遺　ウ 陳　エ 篤　オ 連　カ 紛　キ 誠　ク 薄　ケ 老　コ 駐

69 熟語の構成 5

出る順 ランクC

合格 14/20

得点

熟語の構成のしかたには、次のようなものがある。

ア　同じような意味の漢字を重ねたもの　（岩石）
イ　反対または対応の意味を表す字を重ねたもの　（高低）
ウ　上の字が下の字を修飾しているもの　（洋画）
エ　下の字が上の字の目的語・補語になっているもの　（着席）
オ　上の字が下の字の意味を打ち消しているもの　（非常）

◆次の熟語は右のア〜オのどれにあたるか記号で答えなさい。

1 隆盛
2 不備
3 隠匿
4 巨匠
5 防湿
6 虚礼
7 免職
8 境内
9 悲哀
10 功罪

11 養鶏
12 幼稚
13 攻守
14 円卓
15 未明
16 休憩
17 因果
18 鎮魂
19 慕情
20 無粋

70 熟語の構成 6

出る順 ランク C

合格 14/20

得点

➔ 熟語の構成のしかたには、次のようなものがある。

ア 同じような意味の漢字を重ねたもの (岩石)
イ 反対または対応の意味を表す字を重ねたもの (高低)
ウ 上の字が下の字を修飾しているもの (洋画)
エ 下の字が上の字の目的語・補語になっているもの (着席)
オ 上の字が下の字の意味を打ち消しているもの (非常)

◆次の熟語は右のア〜オのどれにあたるか記号で答えなさい。

1 傍聴
2 抑圧
3 解凍
4 虚実
5 脅威
6 緩急
7 不滅
8 邦楽
9 平穏
10 潜水

11 霊魂
12 無為
13 黙読
14 未納
15 去就
16 満喫
17 破戒
18 膨張
19 貧富
20 募金

71

部首 5

出る順 ランク C

合格 10/14

得点

◆次の漢字の部首をア～エから選び、記号を記入しなさい。

1 欧〔ア ノ　イ 匚　ウ 欠　エ 人〕
2 塊〔ア 土　イ ム　ウ 儿　エ 鬼〕
3 掛〔ア 丨　イ 扌　ウ 土　エ 卜〕
4 啓〔ア 戸　イ 尸　ウ 攵　エ 口〕
5 契〔ア 一　イ 土　ウ 刀　エ 大〕
6 雇〔ア 隹　イ 戸　ウ 一　エ 尸〕
7 酵〔ア 西　イ 酉　ウ 土　エ 子〕
8 辱〔ア 厂　イ 寸　ウ 一　エ 辰〕
9 尿〔ア 水　イ 尸　ウ 亅　エ 二〕
10 髪〔ア 髟　イ 彡　ウ 又　エ 長〕
11 伐〔ア 亻　イ 弋　ウ 戈　エ 丶〕
12 赴〔ア 土　イ 人　ウ 走　エ 卜〕
13 舞〔ア ノ　イ 一　ウ 夕　エ 舛〕
14 藩〔ア 艹　イ 氵　ウ 田　エ 釆〕

72 部首 6

出る順 ランク C

合格 10／14

得点

◆次の漢字の部首をア～エから選び、記号を記入しなさい。

1. 瀬 （ア 氵　イ 木　ウ 頁　エ 貝）
2. 封 （ア 土　イ 寸　ウ 十　エ 二）
3. 籍 （ア ⺮　イ 耒　ウ 木　エ 日）
4. 扇 （ア 一　イ 尸　ウ 戸　エ 羽）
5. 袋 （ア 亠　イ 衣　ウ 亻　エ 弋）
6. 慕 （ア 艹　イ 日　ウ 大　エ ⺗）
7. 墨 （ア 灬　イ 黒　ウ 日　エ 土）
8. 獄 （ア 犭　イ 言　ウ 口　エ 犬）
9. 魂 （ア 儿　イ 厶　ウ 鬼　エ 丿）
10. 帝 （ア 亠　イ 立　ウ 冖　エ 巾）
11. 誉 （ア ⺍　イ 八　ウ 言　エ 口）
12. 免 （ア 一　イ 丿　ウ 乚　エ 儿）
13. 突 （ア 宀　イ 穴　ウ 八　エ 大）
14. 厘 （ア 厂　イ 里　ウ 田　エ 二）

73 対義語・類義語 5

出る順 ランク C

合格 14/20

得点

◆次の□内に入る適切な語を、後の□の中から必ず一度選んで漢字に直し、対義語・類義語を作りなさい。

対義語

1 需要 ― 供□
2 冗漫 ― 簡□
3 零落 ― 栄□
4 歓喜 ― □哀
5 薄弱 ― 強□
6 終了 ― 開□
7 古豪 ― □鋭
8 上昇 ― □下
9 末節 ― 根□
10 増進 ― □退

類義語

11 決意 ― □悟
12 計算 ― 勘□
13 強硬 ― 強□
14 即刻 ― □速
15 落胆 ― 失□
16 明白 ― □然
17 官吏 ― □人
18 互角 ― 匹□
19 抜群 ― 卓□
20 許諾 ― 了□

いん・えつ・かく・かん・きゅう・けつ・げん・こ・こう・さっ・し・しょう・じょう・しん・たつ・てき・ひ・ぼう・やく・れき

74 対義語・類義語 6

出る順 ランク C

合格 14／20

得点

◆次の□内に入る適切な語を、後の［　］の中から必ず一度選んで漢字に直し、対義語・類義語を作りなさい。

対義語

1 自由―□縛
2 地獄―□楽
3 不和―円□
4 切開―縫□
5 採用―□雇
6 死去―□生
7 華美―質□
8 邪悪―□良
9 辛勝―惜□
10 孤立―連□

類義語

11 陳列―□示
12 平定―鎮□
13 高慢―□大
14 完遂―□成
15 双方―□者
16 克明―丹□
17 根幹―□本
18 支援―□力
19 順序―□第
20 入手―取□

あつ・かい・き・ごう・ごく・し・じょ・ぜん・そ・そく・そん・たい・たっ・たん・てん・とく・ねん・はい・まん・りょう

75 漢字と送りがな 4

出る順 ランクC

合格 11/15

得点

◆次の――線のカタカナを漢字一字と送りがな（ひらがな）に直しなさい。

〈例〉 門をアケル。 開ける

□ 1 事実かどうかをタシカメル。
□ 2 別れてからヒサシク会っていない。
□ 3 発言内容にはウタガワシイ点がある。
□ 4 強襲して相手の攻撃をシリゾケル。
□ 5 足取りもカロヤカニ帰宅した。
□ 6 親類の家に身をヨセル。
□ 7 大きく票がワレル結果となった。
□ 8 若者が技と力をキソウ祭典だ。
□ 9 台風はサイワイ東にそれた。
□ 10 船べりから釣糸をタラシている。
□ 11 思いをアラタニして再起を図る。
□ 12 神仏をウヤマウ心がほしい。
□ 13 成績の伸びがイチジルシイ。
□ 14 天候にワザワイされる結果となった。
□ 15 平行線はマジワルことがない。

1	2	3	4	5	6	7	8	9	10	11	12	13	14	15

76 四字熟語 7

出る順 ランクC

合格 12/16

得点

◆文中の四字熟語の——線のカタカナを漢字に直しなさい。□に二字記入しなさい。

□1 緩急ジザイの投球で打者を抑えた。
□2 友のエンテン滑脱な振る舞いに驚く。
□3 シンシュツ鬼没の作戦で敵を制した。
□4 質問にはタンジュン明快に答えた。
□5 ありふれた日常サハンの出来事だ。
□6 負傷者のオウキュウ処置をおこなう。
□7 口先だけの漫言ホウゴをする人だ。
□8 賞をもらって喜色マンメンの笑顔だ。
□9 重大なミスでジボウ自棄になった。
□10 相手をシタサキ三寸で丸めこんだ。
□11 理路セイゼンと主張を述べた。
□12 友が集まって炉辺ダンワに花が咲く。
□13 作戦が成功してイキ衝天の勢いだ。
□14 意見の相違で会派はシブン五裂した。
□15 何とも笑止センバンの至りである。
□16 発表を一日センシュウの思いで待つ。

77 四字熟語 8

出る順 ランクC

合格 12/16

得点

◆文中の四字熟語の――線のカタカナを漢字に直しなさい。□に二字記入しなさい。

□ 1 解決には熟慮ダンコウが必要だ。

□ 2 王は民衆のセイサツ与奪の権を握る。

□ 3 新人ながらジュウオウ無尽の活躍だ。

□ 4 うまくできたとジガ自賛している。

□ 5 人事異動で組織の新陳タイシャを図る。

□ 6 夢に潜在イシキが現れるという。

□ 7 出ばなをくじかれて意気ショウチンした。

□ 8 自然は適者セイゾンの厳しい世界だ。

□ 9 タイギ名分を掲げて交渉に臨む。

□ 10 会則は既に有名ムジツと化していた。

□ 11 ヨウシ端麗で有名な映画女優だ。

□ 12 趣味と実益を兼ねて一挙リョウトクだ。

□ 13 敗軍の将は孤城ラクジツの思いに沈む。

□ 14 行動が先立つチョクジョウ径行の人だ。

□ 15 古今トウザイにわたって例のない話だ。

□ 16 ついに悲願タッセイの日を迎えた。

78 誤字訂正 4

出る順 ランク C

合格 7/10

得点

◆次の各文にまちがって使われている同じ読みの漢字が一字あります。上に誤字を、下に正しい漢字を記しなさい。

		誤	正
1	澄んだ色彩と簡結な描線に独自の画風を示す画家の作品集が出版された。		
2	線路を高架にする工事が完了して、踏切事故の起きる危険が解消された。		
3	近年、大基模な高層マンションが都市部を中心に盛んに建設されている。		
4	地球温暖化防止のために温室効価をもたらすガスの排出量を抑える。		
5	ガソリン代の値上がりで、通勤は自家用車から公協の交通機関に変更した。		
6	自発的に参加した町内の美化活動で公園の清掃を単当することになった。		
7	幾多の舞台経験を重ね、円熟した歌手の美声に満場の観集は魅了された。		
8	定年を迎えた祖父は予定に縛られずに趣味の園芸に整を出している。		
9	長いスランプから立ち治った選手が活躍する姿に人々は感動の拍手を送った。		
10	古代人の住居跡から当時の生活用品であった土器の破辺が数多く発掘された。		

実戦模擬テスト 1

時間 60分
合格点 140/200
得点

(一) 次の――線の読みをひらがなで記せ。(30点)

1 人権を**啓発**する講演会を開く。（　　）
2 一人一人に**激励**の言葉を掛けた。（　　）
3 台風で壊れた屋根を**修繕**した。（　　）
4 跡地に図書館を**誘致**する。（　　）
5 **地獄**で仏に会った思いだった。（　　）
6 相手チームの投手は**技巧派**だ。（　　）
7 応接間に古い**暖炉**が残っている。（　　）
8 精製された**純粋**なハチミツだ。（　　）
9 古代人は**狩猟**で暮らしを立てた。（　　）
10 資金は**潤沢**に用意している。（　　）
11 児童福祉の**施設**を運営している。（　　）
12 心情が**凝縮**された一句だった。（　　）
13 大抵は**既製**服で間に合っている。（　　）
14 相手側が先に**譲歩**した。（　　）
15 恵まれない**境遇**に育った。（　　）
16 翌日は**忌引**の届けを出した。（　　）
17 会議は**円滑**に進行している。（　　）
18 常に**緊密**な連絡を取っている。（　　）
19 無安打無得点の**完封**試合だった。（　　）
20 足の故障で試合を**棄権**した。（　　）
21 年とともに体力の**衰**えを感じる。（　　）
22 多事多難の一年を**顧**みる。（　　）
23 他人から**憎**まれる覚えはない。（　　）
24 屋根の修理を**請**け負った。（　　）
25 緊張して**硬**くなっていた。（　　）

26 発熱で外出を控えている。（　　）

27 故あって職を辞することとなった。（　　）

28 役職の兼任を妨げることはない。（　　）

29 和服に白足袋をはいて登場した。（　　）

30 少女がかわいらしい笑みを漏らした。（　　）

(二) 次の——線のカタカナにあてはまる漢字をそれぞれア〜オから一つ選び、記号で答えよ。（30点）

1 手をアげて質問する。（　　）

2 このテレビにはもうアきてきた。（　　）

3 夜空に美しい花火がアがった。（　　）

（ア 揚　イ 遭　ウ 会　エ 飽　オ 挙）

4 都市近コウの住宅地に住む。（　　）

5 コウ妙な手口にだまされる。（　　）

6 鉱山のコウ内で爆発が起きる。（　　）

（ア 郊　イ 功　ウ 巧　エ 抗　オ 坑）

7 陸上競技でチョウ躍を選ぶ。（　　）

8 チョウ衆の涙を誘う演技。（　　）

9 チョウ過料金を払ってもらう。（　　）

（ア 帳　イ 跳　ウ 超　エ 徴　オ 聴）

10 ボウ大な資料の山から調べる。（　　）

11 営業ボウ害だと訴えられる。（　　）

12 無ボウな運転が交通事故につながった。（　　）

（ア 某　イ 膨　ウ 謀　エ 妨　オ 暴）

13 大事業を成しトげた社長。（　　）

14 包丁をよくトいで料理する。（　　）

15 旅行先で記念写真をトる。（　　）

（ア 採　イ 遂　ウ 取　エ 研　オ 撮）

(三) 1〜5の三つの□に共通する漢字を入れて熟語を作れ。漢字はア〜コから一つ選び、記号で答えよ。（10点）

1 □弱・□微・老□（　　）

2 □取・傾□・傍□（　　）

3 委□・屈□・嘱□（　　）

4 □負・要□・□願（　　）

5 □柱・□走・□船（　）

ア祈　イ強　ウ聴　エ帆　オ員
カ請　キ受　クカ　ケ衰　コ託

(四) **熟語の構成**のしかたには次のようなものがある。（20点）

ア　同じような意味の漢字を重ねたもの　（**岩石**）
イ　反対または対応の意味を表す字を重ねたもの　（**高低**）
ウ　上の字が下の字を修飾しているもの　（**洋画**）
エ　下の字が上の字の目的語・補語になっているもの　（**着席**）
オ　上の字が下の字を打ち消しているもの　（**非常**）

次の**熟語**は右の**ア**～**オ**のどれにあたるか、**一つ**選び、**記号**で答えよ。

1 必携（　）
2 粗雑（　）
3 起伏（　）
4 基礎（　）
5 遵法（　）
6 不遇（　）
7 貧乏（　）
8 除湿（　）
9 金塊（　）
10 選択（　）

(五) 次の漢字の**部首**を**ア**～**エ**から**一つ**選び、**記号**で答えよ。（10点）

1 掌（ア ⺌　イ 口　ウ 冖　エ 手）（　）
2 慈（ア 丶　イ 一　ウ 心　エ 幺）（　）
3 施（ア 一　イ ノ　ウ 方　エ 也）（　）
4 将（ア 寸　イ 冫　ウ ノ　エ ⺌）（　）
5 衛（ア 彳　イ 行　ウ 口　エ 二）（　）
6 遭（ア 西　イ 辶　ウ 一　エ 日）（　）
7 執（ア 辛　イ 干　ウ 土　エ 丶）（　）
8 蒸（ア 灬　イ 一　ウ 水　エ 艹）（　）
9 奮（ア 大　イ 一　ウ 田　エ 隹）（　）
10 競（ア 亠　イ 立　ウ 儿　エ 口）（　）

(六) 後の□内のひらがなを必ず一度使って漢字に直して□に入れ、**対義語**・**類義語**を作れ。（20点）

対義語

1 長寿―短□（　）
2 抑制―□進（　）
3 零落―□達（　）

4 高雅—低□（　　）

5 模倣—創□（　　）

類義語

6 該当—□合（　　）

7 熱狂—□奮（　　）

8 不穏—□悪（　　）

9 困惑—□口（　　）

10 排斥—□放（　　）

えい・けん・こう・ぞう・そく ぞく・つい・てき・へい・めい

(七) 次の——線のカタカナを**漢字一字**と**送りがな（ひらがな）**に直せ。（10点）

（例）問題に**コタエル**。（答える）

1 夫婦でささやかに**アキナイ**を始めた。（　　）

2 郊外の高台に住居を**カマエル**。（　　）

3 時計台の鐘の音が正午を**ツゲル**。（　　）

4 議論して相手を**マカス**。（　　）

5 敵の猛攻にも**シリゾカ**ない。（　　）

(八) 文中の**四字熟語**の——線の**カタカナ**を**漢字**に直して、**二字記入**せよ。（20点）

1 **タントウ直入**に質問する。（　　）

2 彼は**直情ケイコウ**な少年だ。（　　）

3 球を**カンキュウ自在**に操る。（　　）

4 **ヘイオン無事**な生活を望む。（　　）

5 君の行為は**言語ドウダン**だ。（　　）

6 **試行サクゴ**を繰り返す。（　　）

7 **清廉ケッパク**を主張する。（　　）

8 実に**複雑カイキ**な出来事だ。（　　）

9 父は**無我ムチュウ**で働いている。（　　）

10 **ナンコウ不落**の課題を抱える。（　　）

(九) 次の各文にまちがって使われている**同じ読みの漢字**が一字ある。**上に誤字**を、**下に正しい漢字**を記せ。（10点）

1 市民の憩いの場である会館の存続を求める請願書を提出し受利された。（　→　）

2 与党と野党の協議が結裂し、年内

の法案成立は極めて困難と見られる。

3 地震で倒壊した工場から有毒ガスが漏れて周辺の住民が緊求避難した。（　↓　）

4 トウモロコシには食用のほかに家畜の飼料やバイオ燃料としての司途もある。（　↓　）

5 団塊の世台などといわれる定年退職後の父は趣味の園芸に打ち込んでいる。（　↓　）

(十) 次の――線のカタカナを漢字に直せ。(40点)

1 オーロラのシンピ的な輝きに感動した。（　　）

2 福祉政策のシシンが示された。（　　）

3 金庫にサツタバをしまう。（　　）

4 勝利のメガミが味方にほほ笑んだ。（　　）

5 受賞の祝賀会にショウタイされた。（　　）

6 運動会のショウガイブツ競走に出た。（　　）

7 相手の気持ちをスイサツして話す。（　　）

8 新聞のホウドウで事件を知った。（　　）

9 不用意な一言がボケツを掘った。（　　）

10 犯人は警備員にホウイされた。（　　）

11 師匠のもとにデシ入りした。（　　）

12 重要書類をカキトメ郵便で送付する。（　　）

13 大きなココロザシを抱いて故郷を出た。（　　）

14 きれいなハナラびの人だ。（　　）

15 あやまちを犯して相手にアヤマった。（　　）

16 決めたルールにはシタガうべきだ。（　　）

17 漢字のソヨウがある人と聞いている。（　　）

18 聞きしにマサる大人物だった。（　　）

19 仏壇に花をソナえる。（　　）

20 ハチが花にムラがっている。（　　）

実戦模擬テスト 2

時間 60分

合格点 140/200

得点

(一) 次の——線の読みをひらがなで記せ。(30点)

1 実務の経験者を優遇する。（　　）
2 取引先との関係を邪推された。（　　）
3 父の遺産が譲渡された。（　　）
4 若くして人生の岐路を迎えた。（　　）
5 度重なる恥辱にもたえてきた。（　　）
6 チームの主軸となってがんばる。（　　）
7 廃寺となった本堂の礎石が残っている。（　　）
8 海岸に漂着したゴミを回収する。（　　）
9 何か不吉な予感がした。（　　）
10 勤務が怠慢だと注意を受けた。（　　）
11 魔法使いの催眠術にかかった。（　　）
12 当時を思い起こすと感慨が深い。（　　）
13 新鮮な果物の芳香がただよう。（　　）
14 ウナギの稚魚を養殖している。（　　）
15 針と糸を裁縫箱から取り出す。（　　）
16 グライダーが滑空する。（　　）
17 朝採りの新鮮な鶏卵を出荷する。（　　）
18 歴史の中に埋没していた偉人だ。（　　）
19 結局は犠牲を払うことになった。（　　）
20 僧は厳しい修行に耐えてきた。（　　）
21 紅葉の風景を写真に撮った。（　　）
22 柔らかなご飯が炊き上がった。（　　）
23 期待に胸を膨らませている。（　　）
24 人から恨まれる覚えはない。（　　）
25 晴れ着姿の花嫁が登場した。（　　）

26 骨身を削って仕事に打ち込んだ。（　）
27 最後まで粘り強く戦い抜いた。（　）
28 相次ぐ内乱で国家は滅んだ。（　）
29 採点が辛いことで定評がある。（　）
30 温かい小豆がゆをいただいた。（　）

㈡ 次の―線のカタカナにあてはまる漢字をそれぞれア～オから一つ選び、記号で答えよ。（30点）

1 断固としてソ止するつもりだ。（　）
2 物をソ末にしてはいけない。（　）
3 戦争のときにソ開していたところだ。（　）
（ア 阻　イ 措　ウ 粗　エ 疎　オ 租）

4 この秋の人事異動でショウ進した。（　）
5 車のショウ突事故に巻き込まれる。（　）
6 試合中に肩を負ショウした。（　）
（ア 賞　イ 傷　ウ 昇　エ 焦　オ 衝）

7 米の収カクの季節がやってきた。（　）
8 殿様が城カクを構えた町。（　）
9 優勝して賞金をカク得した。（　）
10 波ロウ注意報が出ている。（　）
（ア 穫　イ 隔　ウ 画　エ 郭　オ 獲）

11 ロウ下は静かに歩きなさい。（　）
12 火事の原因はロウ電によるものだった。（　）
13 株でもうかり、財産がフえた。（　）
（ア 漏　イ 浪　ウ 労　エ 楼　オ 廊）

14 人目にフれるところに置く。（　）
15 竹刀をフり回してはいけない。（　）
（ア 触　イ 吹　ウ 殖　エ 踏　オ 振）

㈢ 1～5の三つの□に共通する漢字を入れて熟語を作れ。漢字はア～コから一つ選び、記号で答えよ。（10点）

1 □壊・□御・□落（　）
2 □守・水□・□絵（　）
3 □国・□社・□氏（　）
4 欠□・耐□・貧□（　）
5 □了・□惑・□力（　）

ア 破	イ 崩	ウ 死	エ 点	オ 墨
カ 某	キ 平	ク 乏	ケ 魅	コ 完

(四) **熟語の構成**のしかたには次のようなものがある。（20点）

> **ア** 同じような意味の漢字を重ねたもの **（岩石）**
> **イ** 反対または対応の意味を表す字を重ねたもの **（高低）**
> **ウ** 上の字が下の字を修飾しているもの **（洋画）**
> **エ** 下の字が上の字の目的語・補語になっているもの **（着席）**
> **オ** 上の字が下の字を打ち消しているもの **（非常）**

次の**熟語**は右の**ア**～**オ**のどれにあたるか、**一つ**選び、**記号**で答えよ。

1 佳境（　　）
2 休刊（　　）
3 衰退（　　）
4 惜別（　　）
5 正邪（　　）
6 虚礼（　　）
7 巧妙（　　）
8 攻守（　　）
9 不測（　　）
10 装飾（　　）

(五) 次の漢字の**部首**を**ア**～**エ**から**一つ**選び、**記号**で答えよ。（10点）

1 凝（**ア** 矢　**イ** ヒ　**ウ** 冫　**エ** 疋）（　　）
2 雇（**ア** 一　**イ** 隹　**ウ** 尸　**エ** 戸）（　　）
3 簿（**ア** ⺮　**イ** 寸　**ウ** 氵　**エ** 十）（　　）
4 厳（**ア** 耳　**イ** 厂　**ウ** ⺍　**エ** 攵）（　　）
5 聖（**ア** 口　**イ** 耳　**ウ** 十　**エ** 王）（　　）
6 暴（**ア** 水　**イ** 八　**ウ** 大　**エ** 日）（　　）
7 啓（**ア** 戸　**イ** 尸　**ウ** 口　**エ** 攵）（　　）
8 掛（**ア** 土　**イ** 扌　**ウ** 丨　**エ** ト）（　　）
9 業（**ア** 一　**イ** 羊　**ウ** 木　**エ** 二）（　　）
10 賢（**ア** 貝　**イ** 臣　**ウ** 又　**エ** 八）（　　）

(六) 後の□内のひらがなを必ず一度使って漢字に直して□に入れ、**対義語**・**類義語**を作れ。（20点）

対義語

1 華美—□味（　　）
2 修繕—破□（　　）

3 受容―□除（　）
4 賞賛―非□（　）
5 擁護―□害（　）

類義語

6 円熟―老□（　）
7 承認―□可（　）
8 思慮―□別（　）
9 処罰―制□（　）
10 傍観―□視（　）

きょ・ざ・さい・じ・しん・そん なん・はい・ふん・れん

(七) 次の――線の**カタカナ**を**漢字一字**と**送りがな(ひらがな)**に直せ。(10点)

(例) 問題に**コタエル**。(答える)

1 王は大軍を**ヒキイ**て隣国に攻め込んだ。（　）
2 合格の喜びを**アジワウ**。（　）
3 得意そうに胸を**ソラシ**ている。（　）
4 技術的なことは専門家に**マカセル**。（　）
5 号外に人が**ムラガッ**た。（　）

(八) 文中の**四字熟語**の――線の**カタカナ**を**漢字**に直して、**二字記入**せよ。(20点)

1 私にとっては**生殺ヨダツ**だ。（　）
2 彼は**博覧キョウキ**の人だ。（　）
3 **百家ソウメイ**の状況が続く。（　）
4 **ケンボウ術数**をめぐらす。（　）
5 **センザイ意識**の中に残る。（　）
6 **シリョ分別**に欠ける行いだ。（　）
7 彼はいつも**用意シュウトウ**だ。（　）
8 まことに**ショウシ千万**な話だ。（　）
9 **コック勉励**の末、大学に入る。（　）
10 **起死カイセイ**のホームランを打つ。（　）

(九) 次の各文にまちがって使われている**同じ読みの漢字**が一字ある。**上に誤字**を、**下に正しい漢字**を記せ。(10点)

1 綿密な点検と調整を経て安全が確任されるまで原子炉の運転を停止する。（　）→（　）

2 動物との触れ合いでストレスを緩和し身体機能の回服を促す療法がある。（　↓　）

3 行楽客に好評を博してきた海岸を巡る遊濫船を全面改装して増便する。（　↓　）

4 人々の憩いの場である河川敷で近隣の住民が毎年恒令の清掃活動をした。（　↓　）

5 長く放置した虫歯が悪化して知療に予想外の費用と時間がかかった。（　↓　）

(十) 次の――線のカタカナを漢字に直せ。（40点）

1 今と昔では生活**スイジュン**に差がある。（　）

2 双方は**セイイ**ある態度で話し合った。（　）

3 帰郷して当分の間**セイヨウ**する。（　）

4 曲がる場所を**アヤマ**った。（　）

5 近海で漁船が**ソウギョウ**している。（　）

6 胃は食べ物を消化する**ゾウキ**だ。（　）

7 開店**トウショ**から客入りはよかった。（　）

8 周りは**メンシキ**のない人ばかりだ。（　）

9 もはや**バンサク**尽きた形だ。（　）

10 ウイルスに**カンセン**する恐れがある。（　）

11 秋の彼岸に**ハカマイ**りにいった。（　）

12 青空に白い**ワタグモ**が浮かんでいる。（　）

13 紅茶にレモンの**ワギ**りを浮かべた。（　）

14 口は**ワザワ**いの元という。（　）

15 初版は一万部**ス**った。（　）

16 **ワコウド**の祭典が催された。（　）

17 いつもより早く**メザ**めた。（　）

18 腹を**ワ**って話をしよう。（　）

19 **ハイイロ**のどんよりとした空。（　）

20 人々は**ワレサキ**に逃げていった。（　）

解答編

（×は、まちがえやすい例です）

1 漢字の読み 1

1 けいぼ
2 きんぱく　×きんはく
3 かいこん
4 しせつ
5 ざんてい　×ぜんてい
6 しょうあく
7 たいのう
8 どうよう
9 ねんちゃく
10 はき
11 れんか
12 ろうか
13 ゆうりょ
14 う
15 も
16 へだ
17 か
18 すで

2 漢字の読み 2

1 えつらん　×かいらん
2 がいよう
3 かんまん
4 さいたく
5 けいき
6 こはん
7 ちんしゃ
8 かんゆう
9 ばいしん
10 ないふん
11 ほげい
12 めんじょ
13 ていけい
14 おさ
15 した
16 おとろ
17 たずさ　×たづさ
18 おだ

3 漢字の読み 3

1 かきょう
2 ぼうだい
3 きっきょう　×きちきょう
4 しつじゅん
5 てんぷく
6 せきひ
7 ぶんぴつ　×ぶんひつ
8 せつじょく
9 あいかん
10 しょくたく
11 ばんそう
12 れいさい
13 ろうえい
14 と
15 もよお
16 なぐさ
17 ゆ
18 う

4 漢字の読み 4

1 みりょう
2 とくじつ
3 そくばく
4 ちょうしゅう
5 じょうちゅう
6 きょうい
7 さつえい
8 おんびん　×いんびん
9 げんそう
10 しゅくえん
11 ほうし
12 はんせん　×ほせん
13 こうみょう
14 かた
15 こご
16 とぼ
17 つの
18 おもむ

5 漢字の読み 5

1 かんがい ×かんかい
2 きかく
3 じゃすい
4 かいき
5 そち ×そうち
6 こくふく
7 じょうまん
8 はいき
9 じひ
10 しょうげき
11 はっこう
12 とそう
13 こもん
14 くや
15 しめ
16 ゆる
17 うたひめ
18 のぼ

6 漢字の読み 6

1 てんねんとう
2 ちゅうしょう
3 まんきつ
4 しゅうぜん
5 ぼっとう
6 れいこう
7 りゅうき
8 なんくせ

注意 「難」を音読み、「癖」を訓読みで読んでいる重箱読みの熟語。

9 とくめい
10 ていけつ
11 ちょうか
12 かいこん
13 ぼうがい
14 こぶた
15 かたまり
16 ねば
17 ただよ
18 まぎ

7 漢字の書き 1

1 厳密
2 感傷

注意 「干渉」「鑑賞」などの同音異義語に注意。ここでは心を痛めること」。

3 宇宙
4 株主
5 収容
6 痛切
7 絶賛
8 我流
9 支障
10 革命
11 危害
12 干物
13 吸引
14 机
15 幹

8 漢字の書き 2

1 訳文
2 就職
3 供給

注意 対義語は「需要」。「供給」を「共給」、「需要」を「儒要」と書かないように、それぞれ注意。

4 欠勤
5 批判
6 冷暖
7 負担
8 警備
9 蒸発
10 逆境
11 激化
12 墓穴
13 疑
14 済
15 至

9 漢字の書き3

1 簡潔
2 閣議
3 格段
4 批難・非難　×避難
5 敬遠
6 沿岸
7 劇的
8 納得
9 家系
10 異国　×違国
11 臨時

注意 「臨」の訓読みは「のぞ(む)」。

12 実権
13 泉
14 絹糸

注意 「絹糸」は音読みでは「ケンシ」。

15 集

10 漢字の書き4

1 慣習
2 岸辺
3 郷里
4 補修
5 万策

注意 「万策」の「万」は「あらゆる」という意味。

6 貴重
7 憲法
8 誕生
9 独創　×独走
10 源流　×元流
11 点呼
12 自己
13 厳
14 裏付
15 胸

11 漢字の書き5

1 巻頭　×刊頭
2 混乱
3 看病
4 誤差
5 皇后
6 下降
7 遺失　×遣失
8 討論
9 発揮　×発輝
10 時刻
11 領域
12 蚕
13 臨
14 困
15 手探

12 漢字の書き6

1 孝行
2 砂場
3 座高
4 穀倉
5 収蔵　×修蔵
6 順延
7 専門　×専問
8 完済
9 採決　×裁決
10 訪問
11 紅葉・黄葉
12 供
13 筋合
14 冊数
15 著

注意 「著」の訓読みは、ほかに「いちじる(しい)」がある。

13 同音・同訓異字1

1 エ

注意 「回顧」は、「過去の出来事を思い返すこと」。「昔を懐かしむこと」という意味の同音異義語に注意。

2 ア
3 イ
4 オ
5 イ
6 ア
7 ウ
8 イ
9 エ
10 ア
11 エ
12 オ
13 イ
14 エ
15 ウ

14 同音・同訓異字2

1 ア
2 エ
3 ウ
4 イ
5 ウ
6 ア
7 エ
8 ウ
9 イ
10 イ
11 ウ
12 ア
13 ア
14 オ
15 エ

注意 「掛ける」と、「橋を架ける」「命を懸ける」などの使い分けは例文で覚えておくとよい。

15 同音・同訓異字3

1 ウ
2 イ
3 ア
4 イ
5 オ
6 エ
7 エ
8 イ
9 ウ
10 ウ
11 オ
12 エ
13 ア

注意 「殖やす」は、「貯金を殖やす」「家畜を殖やす」などのように、利殖や繁殖などのときに使う。

14 イ
15 エ

16 漢字識別 1

(1)
1 ク
2 ウ
3 カ
4 ケ

注意 「栄華」の「華」は「が」とにごっている。

5 イ

(2)
1 オ
2 ウ
3 イ
4 ケ
5 ク

(3)
1 キ
2 カ
3 ク
4 ア
5 コ

17 漢字識別 2

(1)
1 キ
2 ク
3 エ
4 コ
5 イ

(2)
1 カ
2 ア
3 ク
4 コ
5 オ

注意 「鮮やかな色彩を用いた濃厚な色彩」のことで、「ごくさいしき」と読む。

(3)
1 ウ
2 ク
3 イ
4 コ
5 カ

18 熟語の構成 1

1 ア
2 ウ
3 エ
4 ウ
5 イ
6 エ
7 オ
8 ア
9 イ
10 オ
11 エ
12 イ
13 ウ
14 ア

注意 「犠」も「牲」も、「いけにえ」という意味がある。

15 ウ
16 ア
17 イ
18 エ
19 ア
20 エ

19 熟語の構成 2

1 イ
2 オ
3 ア
4 ア
5 ウ
6 ア
7 エ
8 オ
9 イ
10 イ
11 ア
12 イ
13 ウ
14 オ
15 ア

注意 「陵」には、「大きな丘」という意味もある。

16 ウ
17 オ
18 エ
19 ウ
20 イ

20 部首 1

1 ア
2 ウ

注意 「ぎょうにんべん」と間違えないように。「術」「衛」も部首は「ぎょうがまえ」である。

3 ア
4 エ
5 ア
6 ア
7 エ
8 ウ
9 ア
10 ウ
11 ウ
12 ウ
13 ウ
14 エ

21 部首2

1 イ
2 ア
3 エ
4 イ
5 イ
6 ウ
7 エ
8 ア

注意
「辛」は、これで一つの部首で、部首名は「からい」。

9 エ
10 ア
11 エ
12 イ
13 エ
14 ア

22 対義語・類義語1

1 細
2 勤
3 欠
4 速
5 起
6 激
7 精
8 守
9 優
10 頭
11 望
12 護
13 情
14 承
15 約
16 興
17 念
18 険
19 発
20 幼

23 対義語・類義語2

1 保
2 待
3 接
4 具
5 奮
6 雑
7 収
8 送
9 制
10 従
11 等
12 形
13 練
14 関
15 価
16 放
17 応
18 我
19 激
20 般

24 漢字と送りがな1

1 健やかな
2 結わえる
3 逆らっ
4 速やかな
5 商っ
6 閉ざす
7 肥やす

注意
「こえ」という訓読みもあるが、「こ(える)」「こ(やし)」「こ(やす)」のときは、送りがなが必要。

8 平らに
9 朗らかな
10 秘める
11 安らかな
12 栄え
13 群がる
14 連ねる
15 報いる

25 漢字と送りがな 2

1 易しい
2 厳かに

> 注意 「きび(しい)」という訓読みもある。

3 語らい
4 済ます
5 盛んな
6 導い
7 危ぶま
8 著しい
9 集う
10 全く
11 耕し
12 設ける
13 散らかっ
14 著し
15 営ん

26 四字熟語 1

1 順風
2 万来
3 暗雲
4 起死
5 伝心
6 有望
7 空前
8 不断
9 失望
10 電光
11 美辞
12 円熟
13 深長 ×慎重
14 率先
15 異口 ×異句
16 明鏡

27 四字熟語 2

1 一刀
2 疑心
3 危機
4 道断 ×同断
5 取捨
6 棒大
7 千差
8 創意
9 単刀 ×短刀
10 異曲
11 月歩
12 不老
13 一喜
14 危急
15 令色
16 終始

28 四字熟語 3

1 明朗
2 雨読
3 万化
4 晩成
5 破顔
6 立身
7 始終
8 花鳥
9 急転
10 試行
11 潔白
12 独断
13 馬耳

> 注意 同じ意味のことわざに、「馬の耳に風」がある。

14 夢中
15 面目
16 応報

29 誤字訂正 1

1 異→移
2 調→重
3 熱→厚

注意 「熱い」は「冷たい」の対義語。ここでは「薄い」の対義語の「厚い」が正しい。

4 違→遺
5 供→協
6 制→政
7 元→限
8 援→延
9 約→訳
10 訂→低

30 誤字訂正 2

1 操→奏
2 衝→消
3 調→張
4 形→景
5 決→血
6 使→指
7 傷→障
8 科→課
9 専→選
10 事→除

注意 「そうじ」の「じ」は「のぞく」という意味をもつ「除」が正しい。

31 漢字の読み 7

1 かかん
2 がろう
3 けいしゃ
4 せいこう
5 ひあい
6 ろうば
7 みっぷう
8 しんびがん

注意 「審美眼」とは、「美しさを識別する力」をいう。

9 けつれつ
10 じゅんすい
11 きゅうけい
12 きょせい
13 いりゅう
14 ほのお
15 おろしね
16 もよお
17 こ
18 かか

32 漢字の読み 8

1 いなほ
2 ついずい ×ついづい
3 たいぼう
4 せっしゅ
5 しんせい
6 さいけん ×せきけん
7 ぞうすい ×ざっすい
8 こうろ
9 ききゃく
10 げきれい
11 かんり ×かんし
12 かんつう
13 せっしょう
14 あや
15 うら
16 なえぎ
17 おお
18 あ

33 漢字の読み 9

1 かんすい ×かんちく
2 かっそうろ
3 かくう
4 こふん
5 さくげん
6 さつばつ ×さつぼく
7 けつじょ
8 きせき
9 すいぼくが
10 ぎせい
11 しゅしょう
12 さっかしょう
13 こうがい
14 の
15 さと
16 さむらい
17 あわ
18 ひげ

34 漢字の読み 10

1 こうおつ
2 かんき
3 こうわん
4 くうきょ ×くうこ
5 しゅうしふ
6 きとく
7 けんそ
8 ぎゃくたい
9 しんずい ×しんづい
10 きかい
11 きがい
12 かくぜつ
13 きろ
14 みずあ
15 しぼ
16 かしこ
17 うなが
18 あなう

35 漢字の読み 11

1 あいこ
2 ぎょうしゅく ×ぎしゅく
3 けいよう
4 きょだく
5 えんたい
6 ぐうぜん

注意 「偶然」の対義語は「必然」である。

7 ほうごう
8 しょうてん
9 ひとく
10 ろうひ
11 けんやく
12 れいほう
13 みわく
14 から
15 とつ
16 つくろ
17 まぼろし
18 あさせ

36 漢字の読み 12

1 ようご
2 ほうかい
3 ふうさ

注意 「封」には「ホウ」という音読みもあり、「封建」などの熟語がある。

4 いしょく
5 かんあん
6 しょうこうき
7 じょうざい
8 ちょうこく
9 すいたい
10 かいだく
11 げんめつ
12 ちんぷ
13 つうこん
14 ふくせん
15 さまた
16 たび
17 またぎ
18 ろばた

37 漢字の書き 7

1 作詞・作詩
2 仁徳・人徳
3 姿勢
4 宅配
5 操作
6 尊厳
7 著者
8 頭脳
9 垂直
10 神聖
11 延 ×伸
12 届
13 敬
14 潮風 ×塩風
15 吸

38 漢字の書き 8

1 沿線
2 規模
3 演奏
4 簡便
5 遺産 ×遣産
6 警笛
7 骨身
8 模型 ×模形
9 腹筋
10 視察
11 縦
12 情
13 肺呼吸
14 姿
15 窓辺

39 漢字の書き 9

1 城下町
2 党員 ×頭員
3 誕生
4 砂糖
5 加盟
6 俳優
7 植樹
8 拝借
9 陛下
10 地層
11 厳
12 訪

注意 「たず(ねる)」という訓読みもある。

13 方針
14 宝
15 閉

40 漢字の書き 10

1 認可
2 縮尺
3 枚数
4 心臓 ×心蔵
5 忠告
6 翌日
7 至難
8 磁気
9 腹痛
10 処置
11 故郷
12 各班
13 洗
14 頂

注意 「いただ(く)」という訓読みもある。

15 射

41 漢字の書き 11

1 完熟
2 往復
3 興奮
4 供給（×共給）
5 宗教
6 武将
7 運賃
8 誠実
9 宣伝（×宜伝）
10 対策
11 喜劇
12 法律
13 洗顔
14 激
15 干（×日）

42 漢字の書き 12

1 裁（×栽）
2 亡命（×忘命）
3 質疑
4 推察
5 包装
6 署名
7 延長
8 看護師（×看護士）
9 最善
10 割安
11 捨（×拾）
12 貯蔵
13 片棒
14 除
15 忘

43 同音・同訓異字 4

1 エ
2 オ

注意 心に関係する言葉なので、「憤」が正しい。

3 ア
4 ウ
5 ア
6 イ
7 ウ
8 エ
9 オ
10 イ
11 ア
12 エ
13 イ
14 ウ
15 エ

44 同音・同訓異字 5

1 イ
2 エ
3 オ
4 イ
5 オ
6 エ
7 イ
8 ア
9 ウ
10 オ
11 ア
12 エ

注意 「事務をとること」という意味の「執務」が正しい。「執」には、「と(る)」という訓読みがあり、「筆を執る」などと使われる。

13 エ
14 イ
15 ウ

45 同音・同訓異字 6

1 エ
2 イ
3 ウ
4 エ
5 ア
6 オ
7 ウ
8 ア
9 オ
10 エ
11 ウ
12 イ
13 ア
14 オ

注意 つながっているものをさえぎって通わなくするときは、「断つ」を使う。

15 エ

46 漢字識別 3

(1)
1 エ
2 ク
3 カ
4 イ
5 コ

(2)
1 ウ
2 カ
3 ア
4 コ
5 エ

注意 「双葉」は「ふたば」と読み、「双」を「ふた」と訓読みする。

(3)
1 コ
2 ク
3 ア
4 イ
5 オ

47 熟語の構成 3

1 ウ
2 エ
3 イ
4 ウ
5 ア

注意 「選」にも「択」にも、「えらぶ」という意味がある。

6 エ
7 ア
8 オ
9 イ
10 ウ
11 ア
12 イ
13 エ
14 ア
15 イ
16 ア
17 ウ
18 エ
19 ウ
20 オ

48 熟語の構成 4

1 イ
2 ウ
3 ア
4 オ
5 エ
6 ア
7 エ
8 ア
9 エ
10 イ
11 エ
12 ア
13 オ
14 イ

注意 「経」には「たて」「南北の方向」、「緯」には「よこ」「東西の方向」という意味がある。

15 ウ
16 エ
17 オ
18 ウ
19 エ
20 オ

49 部首3

1 エ
2 イ
3 エ
4 ウ
5 エ
6 エ
7 イ
8 イ
9 ウ
10 エ
11 エ

注意 「まだれ」と間違えないように。部首は、「おに」である。

12 イ
13 ア
14 イ

50 部首4

1 ウ
2 エ

注意 部首が「ほこづくり(ほこ)」の漢字は、ほかに「成」「戦」「戒」などがある。

3 イ
4 エ
5 ア
6 イ
7 エ
8 エ
9 イ
10 ア
11 イ
12 ウ
13 ウ
14 ア

51 対義語・類義語3

1 在
2 解
3 略
4 好
5 異
6 展
7 延
8 約
9 退
10 承
11 朗
12 納
13 重
14 低
15 策
16 量
17 案
18 盛
19 績
20 派

52 対義語・類義語4

1 暖
2 故
3 暗
4 協
5 盟
6 除
7 苦
8 放
9 難
10 祖
11 富
12 討
13 追
14 指
15 永
16 朗
17 困
18 降
19 幹
20 図

53 漢字と送りがな 3

1 厳しい
2 基づい
3 謝る
4 唱える
5 清らかな
6 染まる
7 頂い
8 直ちに
9 貧しい
10 背け
11 明くる
12 勇ましく
13 浴びせる
14 臨む
15 冷ます

注意 ほかに「つめ(たい)」「ひ(える)」「ひ(や)」「ひ(やす)」「ひ(やかす)」「さ(める)」という訓読みがある。

54 四字熟語 4

1 才色
2 不敵
3 天衣
4 利害
5 応変
6 雲散
7 無量
8 天外
9 小異

注意 「同工異曲」、故事成語「五十歩百歩」も似た意味。

10 地異
11 二束
12 低頭
13 深山
14 無味
15 大敵
16 器用

55 四字熟語 5

1 前人
2 玉石
3 落着
4 引水
5 意気
6 不覚
7 投合
8 刻苦
9 不落
10 多才
11 無病
12 開放（×解放）
13 流水
14 衆人
15 心機（×心気）
16 古今

56 四字熟語 6

1 努力
2 飛語
3 知新
4 議論
5 分別
6 異夢
7 複雑
8 転変

注意 「ういてんぺん」「ういてんべん」と読む。「世の中の出来事は移り変わっていくこと」という意味。

9 本末
10 好機
11 自在
12 公私
13 四温
14 名実
15 集散
16 二鳥

57 誤字訂正 3

1 在→材
2 現→源
3 隔→拡
4 線→染
5 捕→補
6 他→多
7 当→討

注意 「調べたずねること」という意味の「検討」が正しい。「見込み」「見当」は、「だいたいの方向」という意味。

8 返→帰
9 長→重
10 供→備

58 漢字の読み 13

1 えんかつ
2 いんとく（×おんとく）
3 かいとう
4 とつじょ
5 ちんたい
6 せきらら
7 そうだつ
8 ざんぎゃく
9 さっかく
10 じゅうかん
11 かんぜん
12 あいぞう（×あいそう）
13 くつじょく
14 か
15 はな
16 つなわた
17 しか
18 ぬ

59 漢字の読み 14

1 おんけん（×いんけん）
2 えんかく
3 おうぼ
4 きょうえつ
5 かび
6 きし（×ぎし）
7 ことう
8 ごらく
9 しゅうへき
10 こうさく（×こうさ）
11 ほうこう
12 てつがくしゃ
13 のうこん
14 いぶくろ
15 あざむ
16 はたあ
17 いき
18 かね

60 漢字の読み 15

1 ふくし
2 ばっさい
3 はろう
4 とくしゅ
5 ついらく
6 えいたん
7 そし
8 じょこう
9 ぶんき（×ぶんぎ）
10 おうべい
11 こうか
12 まいぼつ
13 とうだん
14 はか
15 にく
16 うなが
17 おこた
18 きも（×かん）

61 漢字の読み 16

1 とうき
2 ほうがく
3 らんかく
4 ようせい
5 ほうき
6 じゅうちん ×じゅうしん
7 しゅうぜん
8 さんがく ×やまたけ
9 わんきょく
10 ふんぼ
11 りんかく
12 へんかん
13 こ
14 しば
15 じょうだん
16 うるお
17 よ
18 ぬ

62 漢字の書き 13

1 雑誌
2 県庁
3 母乳
4 胸中
5 否定 ×非定
6 幼虫
7 改革
8 対処 ×対拠
9 注射
10 暮
11 並
12 盛
13 疑
14 晩年
15 若芽

63 漢字の書き 14

1 演劇
2 拡張
3 極秘
4 諸島
5 朗読 ×郎読
6 寸前
7 背後
8 無欲
9 開幕
10 故郷
11 歌詞 ×歌詩
12 映
13 優
14 穴場
15 源

64 漢字の書き 15

1 鋼鉄 ×鉱鉄
2 温存
3 私有地
4 困難
5 指揮
6 郵便
7 正座
8 米穀
9 痛快
10 展覧
11 沿

注意 同訓異字「添う」との使い分けに注意。

12 養
13 筋書
14 裁
15 骨折

65 漢字の書き 16

1 絶頂
2 砂防
3 簡略
4 降参
5 視野
6 臨場

注意
「臨場感」とは、「現場にのぞんでいるような感じ」をいう。

7 密着
8 短縮
9 定刻
10 転勤
11 割
12 我先
13 刻
14 訳
15 紅

66 同音・同訓異字 7

1 エ

注意
「てがら」という意味の「功績」。「功」にも「績」にも「てがら」という意味がある。

2 イ
3 ウ
4 イ
5 ウ
6 エ
7 ア
8 ウ
9 オ
10 エ
11 イ
12 ウ
13 イ
14 ア
15 オ

67 同音・同訓異字 8

1 オ
2 エ
3 イ
4 ウ
5 ア
6 イ
7 エ
8 オ
9 ウ
10 ア
11 イ
12 エ
13 ウ

注意
「代理」という意味なので、「代わり」が正しい。

14 エ
15 ア

68 漢字識別 4

(1)
1 オ
2 ケ
3 イ
4 ウ
5 エ

(2)
1 オ
2 エ
3 カ
4 ウ
5 ク

注意
「密封」は「みっぷう」、「封鎖」は「ふうさ」、「封建制」は「ほうけんせい」と読む。

(3)
1 コ
2 カ
3 ア
4 ウ
5 エ

69 熟語の構成 5

1 ア
2 オ
3 ア
4 ウ
5 エ
6 ウ
7 エ
8 ウ
9 ア
10 イ
11 エ
12 ア

注意 「幼」にも「稚」にも「おさない」「つたない」という意味がある。

13 イ
14 ウ
15 オ
16 ア
17 イ
18 エ
19 ウ
20 オ

70 熟語の構成 6

1 ウ
2 ア
3 エ
4 イ
5 ア
6 イ
7 オ
8 ウ
9 ア
10 エ
11 ア
12 オ
13 ウ
14 オ
15 イ

注意 「去る」と「就く」という相反する動作からできた熟語。類義語は「進退」。

16 ウ
17 エ
18 ア
19 イ
20 エ

71 部首 5

1 ウ
2 ア
3 イ
4 エ
5 エ
6 ア
7 イ

注意 「とりへん」「ひよみのとり」は酒に関係する漢字につく。ほかには「醸」「酒」などがある。

8 エ
9 イ
10 ア
11 ア
12 ウ
13 エ
14 ア

72 部首 6

1 ア
2 イ
3 ア
4 ウ
5 イ
6 エ
7 エ
8 ア
9 ウ
10 エ
11 ウ
12 エ
13 イ

注意 「うかんむり」と間違えないように。「空」「究」「窓」と同様、「あなかんむり」が部首。

14 ア

73 対義語・類義語 5

1 給
2 潔
3 達
4 悲
5 固
6 始
7 新
8 降
9 幹
10 減
11 覚
12 定
13 引
14 早
15 望
16 歴
17 役
18 敵
19 越
20 承

74 対義語・類義語 6

1 束
2 極
3 満
4 合
5 解
6 誕
7 素
8 善
9 敗
10 帯
11 展
12 圧
13 尊
14 達
15 両
16 念
17 基
18 助
19 次
20 得

75 漢字と送りがな 4

1 確かめる
2 久しく
3 疑わしい
4 退ける
5 軽やかに
6 寄せる
7 割れる
8 競う
9 幸い
10 垂らし
11 新たに
12 敬う
13 著しい
14 災い
15 交わる

注意
「交わる」「交える」のときと、「交じる」「交ざる」「交ぜる」「交ぜる」のときと送りがなが違うことに注意。

76 四字熟語 7

1 自在
2 円転
3 神出
4 単純
5 茶飯
6 応急
7 放語
8 満面
×万面
9 自暴
10 舌先
11 整然
12 談話
13 意気
14 四分
15 千万
16 千秋

注意
「千」も「万」も数の多いことを意味する。「千差万別」「千変万化」などの四字熟語も覚えておきたい。

77 四字熟語 8

1 断行
2 生殺
3 縦横
4 自画 ×自我
5 代謝
6 意識
7 消沈
8 生存
9 大義
10 無実
11 容姿
12 両得
13 落日
14 直情
15 東西
16 達成

78 誤字訂正 4

1 結→潔
2 倹→険

注意
「倹」「剣」「険」「検」「験」などの同音異字の違いに注意。「あぶない」という意味をもつのは「険」。

3 基→規
4 価→果
5 協→共
6 単→担
7 集→衆
8 整→精
9 治→直
10 辺→片

実戦模擬テスト1

(一)

1 けいはつ
2 げきれい
3 しゅうぜん
4 ゆうち
5 じごく
6 ぎこうは
7 だんろ
8 じゅんすい
9 しゅりょう
10 じゅんたく
11 しせつ
12 ぎょうしゅく
13 きせい
14 じょうほ
15 きょうぐう
16 きびき

注意
「忌」を「キ」と音読みで「引」を「ひき」と訓読みで読んでいる重箱読みの熟語。

17 えんかつ
18 きんみつ
19 かんぷう
20 きけん
21 おとろ
22 かえり

注意
同訓異字に「省みる」がある。「振り返る」という意味では「顧みる」が、「反省する」という意味では「省みる」が使われる。

23 にく
24 う
25 かた
26 ひか
27 じ
28 さまた
29 たび
30 え

(二)

1 オ
2 エ
3 ア
4 ア
5 ウ
6 オ
7 イ
8 オ
9 ウ
10 イ
11 エ
12 ウ
13 イ
14 エ
15 オ

(三)

1 ケ
2 ウ
3 コ
4 カ
5 エ

(四)

1 ウ
2 ア
3 イ

注意 「起」は「おきる」、「伏」は「ふせる」という意味を持つ漢字。

4 ア
5 エ
6 オ

注意 「才能があるのに運悪く、それにふさわしい地位を得ていないこと」をいう。

7 ア
8 エ
9 ウ
10 ア

(五)

1 エ
2 ウ
3 ウ
4 ア
5 イ
6 イ
7 ウ
8 エ
9 ア
10 イ

(六)

1 命
2 促
3 栄
4 俗
5 造

注意 「模倣」は「まねること」。対義語は「新たにつくること」という意味を表す「創造」。

6 適
7 興
8 険
9 閉
10 追

(七)

1 商い

2 構える

3 告げる

4 負かす

注意 「お(う)」という訓読みもある。

5 退か

(八)

1 単刀

2 径行

3 緩急

4 平穏

5 道断

6 錯誤

7 潔白

8 怪奇

9 夢中

10 難攻

(九)

1 利→理

2 結→決

3 求→急

注意 「緊急」は、「差し迫ってことを急がなければならないこと」なので、「キュウ」は「急」が正しい。

4 司→使

5 台→代

(十)

1 神秘

2 指針

3 札束

注意 「札」を「サツ」と音読みで「束」を「たば」と訓読みで読んでいる重箱読みの熟語。

4 女神

5 招待 ×紹待

6 障害物

7 推察

8 報道

9 墓穴

10 包囲

11 弟子

12 書留

13 志

注意 「志す」と動作で使う場合は送りがながが必要である。

14 歯並

15 謝

注意 同訓異字「誤る」との使い分けに注意。ここでは「わびる」という意味なので、「謝る」が正しい。

16 従

17 素養

18 勝

19 供

20 群

実戦模擬テスト2

(一)

1 ゆうぐう
2 じゃすい
3 じょうと
4 きろ

注意　「分かれ道」をいう。「岐阜県」の「岐」なので、間違えて「ぎろ」と読まないように注意する。

5 ちじょく
6 しゅじく
7 そせき
8 ひょうちゃく
9 ふきつ　×ふきち
10 たいまん
11 さいみん
12 かんがい
13 ほうこう
14 ちぎょ
15 さいほう
16 かっくう
17 けいらん
18 まいぼつ
19 ぎせい
20 しゅぎょう　×しゅうぎょう
21 と
22 た
23 ふく
24 うら
25 はなよめ
26 けず
27 ねば
28 ほろ
29 から

注意　「辛い」を「つら(い)」と読むことがあるので、注意が必要である。

30 あずき

注意　「大豆」と書いた場合は、「だいず」と読む。

(二)

1 ア
2 ウ
3 エ
4 ウ
5 オ
6 イ
7 ア
8 エ
9 オ
10 イ
11 オ
12 ア
13 ウ
14 ア
15 オ

(三)

1 イ
2 オ
3 カ
4 ク
5 ケ

(四)

1 ウ
2 エ
3 ア
4 エ
5 イ
6 ウ
7 ア
8 イ
9 オ
10 ア

(五)

1 ウ
2 イ
3 ア
4 ウ
5 イ
6 エ
7 ウ
8 イ
9 ウ
10 ア

(六)
1 地
2 損
3 排
4 難
5 侵 ×浸害
6 練

注意 「円熟」の対義語は「未熟」である。

7 許
8 分

注意 「思慮分別」とよく四字熟語で使われる。「しりょふんべつ」と読む。

9 裁
10 座

(七)
1 率い
2 味わう
3 反らし
4 任せる
5 群がっ

注意 「む(れる)」「む(れ)」という訓読みもある。

(八)
1 与奪
2 強記
3 争鳴
4 権謀
5 潜在
6 思慮
7 周到
8 笑止
9 刻苦
10 回生

(九)
1 任→認
2 服→復
3 濫→覧
4 令→例
5 知→治

(十)
1 水準
2 誠意
3 静養
4 誤 ×謝
5 操業
6 臓器
7 当初
8 面識
9 万策
10 感染
11 墓参
12 綿雲
13 輪切
14 災
15 刷
16 若人
17 目覚
18 割
19 灰色
20 我先